中国农业大学“双一流”文化传承创新图书出版基金项目

往事寻踪

——中国农业大学校史研究

第一集

刘建平　师桂芳　蔡远渊　主编

中国农业大学出版社
·北京·

内容简介

全书分“校史考证”“办学思想”“精神探索”“西迁专题”“档海撷珍”“信息集萃”等六个栏目，汇集了校内外专家学者对中国农业大学校史及相关历史问题的部分最新研究成果，力求追溯中国农业大学悠久办学历程中的重要事件、关键人物，探讨学校的办学传统与精神文化，展示真实鲜活的档案史料。本书还集中汇总了档案与校史馆近年来在校史征（收）集和研究工作方面的进展和最新动态。

图书在版编目（CIP）数据

往事寻踪：中国农业大学校史研究. 第一集 / 刘建平，师桂芳，蔡远渊主编. —北京：中国农业大学出版社，2021.11

ISBN 978-7-5655-2434-9

Ⅰ.①往… Ⅱ.①刘… ②师… ③蔡… Ⅲ.①中国农业大学—校史—文集 Ⅳ.①G649.281-53

中国版本图书馆CIP数据核字（2020）第189427号

书　名 往事寻踪——中国农业大学校史研究　第一集

作　者 刘建平　师桂芳　蔡远渊　主编

策划编辑 梁爱荣　　**责任编辑** 梁爱荣　刘彦龙

封面设计 郑　川

出版发行 中国农业大学出版社

社　址 北京市海淀区圆明园西路 2 号　　**邮政编码** 100183

电　话 发行部 010-62733489, 1190　　读者服务部 010-62732336

编辑部 010-62732617, 2618　　出　版　部 010-62733440

网　址 http: // www.caupress.cn　　**E-mail** cbsszs@cau.edu.cn

经　销 新华书店

印　刷 北京鑫丰华彩印有限公司

版　次 2021 年 11 月第 1 版　2021 年 11 月第 1 次印刷

规　格 889 × 1 194　16 开本　8 印张　200 千字

定　价 69.00 元

编委会

中国农业大学

第一集前言

以史为鉴，可知兴替。高校档案忠实记载了大学的办学历程，是校史研究最可靠的依据。档案文献不仅仅是文件库，更是记忆库，是大学宝贵的文化珍藏。

2021 年，中国农业大学迎来了她的第 116 个春秋。回望农大一个多世纪的漫漫探索之路，有许多不平凡的记忆值得我们去重拾，值得我们珍藏。档案与校史馆特别推出校史研究专刊《往事寻踪》，在挖掘整理馆藏档案和征集获取新史料的基础上，汇集校内外校史、档案工作者的研究所得，图文并茂再现农大往事。

在 116 周年校庆的重要节点，“校史考证”栏目将带大家回顾中国农业大学的历史源头——国立京师大学堂农科大学的创办历程，重温农科初创时的曲折。在党和政府高度重视下成立的新中国第一所多科性农业大学——北京农业大学，自诞生之日起便承担着国家的重任，其建校过程值得回味。

农大要办成一所什么样的大学，是自农大诞生以来就不断叩问所有农大人内心的问题。一代代先辈筚路蓝缕，薪火相传，用行动推动着农大奋勇精进；历任农大校长，作为掌舵人，深思不辍。第一期的“办学思想”栏目，介绍了新中国成立前四位农大老校长对农大办学的思考。他们虽身处不同的学校源流之中，却同样在为中国农业科学研究与高等教育的发展方向殚精竭虑，擘画蓝图。

在 116 年的发展历程中，中国农业大学始终与家国共命运、与时代齐奋进，情系乡土，忧患苍生，勇立潮头，自强不息。农大逐渐形成自己特有的文化和品格，并积淀为农大精神。在“精神探索”栏目中，我们分享了两篇文章，主要内容是进入新世纪以来，部分学校领导从农大精神的核心和部分侧面，对其进行的诠释。

“西迁专题”栏目，则为读者带来了由校内外学者提供的四篇文章。这些文章从不同历史资料来源和研究视角，详细描述了抗日战争全面爆发后，国立北平大学农学院西迁求存，于战火与国难中弦歌不辍，在西北地区播撒高等教育火种的故事。其中所使用的部分史料，在农大的校史研究成果中尚属首次公布。

以往我们向师生展示的校史资料，大多是书籍与报道。其中，二、三次文献居多，档案原件较少；文字记录较多，图像影像较少，珍贵而清晰者更是寥寥。而这一期的“档海撷珍”栏目，展示了最新收集到的原始档案和老照片，以飨读者。

本书最后，汇总了自 2013 年来档案与校史馆在校史资料收集和整理中的一些重要工作动态信息，作为向农大师生的简短工作汇报。

《往事寻踪》是我校第一次以校史研究专刊的形式，向广大师生、校友及关注农大的各界朋友，集中展示校史研究的成果。史海泛舟，其修远兮；学力所限，难免疏漏。但我们希望以此为开端，开启一个校史研究的新局面，并不断努力，做好这份专刊。

希望更多农大师生，能够跋涉在浩瀚的档案卷宗里，徜徉在历史长河中，凝神静思，寻幽探微，追寻答案。期待我们一起以回望的方式记忆历史，以前进的姿态连接未来。

主编

2021 年 8 月

目 录
Contents

一 校史考证

二 办学思想

三 精神探索

四 西迁专题

五 档海撷珍

六 信息集萃

一 校史考证

所谓“考证”，依其字面，为考查验证之意。中国农业大学的历史已有116年，漫漫历史长河，有很多值得追忆和回味的时刻，但沧海桑田，时移世易，历史的面貌，难免在岁月尘霭中模糊。校史考证的目的，就是在广搜史料的基础上对史文记载的年代、事件、人物、地理、制度等进行查考，细心辨析可能的歧误，澄清重要的校史问题如机构创设、人员变动、学科调整、校址搬迁等的详细过程与复杂背景。

本期的“校史考证”栏目，将带大家回顾中国农业大学历史上两个极重要的节点——国立京师大学堂农科大学创办和新北京农业大学建立。

作为中国第一所近代意义上国立高等学府——京师大学堂的八个分科大学之一，农科大学的筹建是农业高等教育史上的里程碑事件，但其初创颇为曲折，校址勘择几经反复，近代中国开启教育现代化之艰辛，从中可窥一斑。

北京大学、清华大学和华北大学的三所农学院，在党和政府的重点关注下，于新中国成立前夕完成合并，此举开启了农大历史的新篇章，标志着中共中央对华地区旧高等教育的部分重要改革获得成功，为新中国高等教育发展和农业经济建设奠定了基础。

京师大学堂农科大学的创办

1904年至1905年，是京师大学堂实现建立综合性大学的重要时期。

1904年2月，清政府任命张亨嘉为京师大学堂总监督。从此，京师大学堂成为单纯的高等学府。此前，京师大学堂是由管学大臣（后改为学务大臣）直接管理并统管全国学务的。张亨嘉任京师大学堂首任总监督，标志着大学堂由总监督统管大学堂事务，归属学务大臣管辖，这是体制上一重要的改变。张亨嘉总监督上任以后，抓的第一件大事是筹建京师大学堂分科大学。这是京师大学堂朝着成为名副其实的综合性大学迈出的关键一步。

为什么急于在1905年筹建分科大学？

1905年8月15日，张亨嘉上了一份奏折：《京师分科大学亟应择址建置折》。奏折称："京师既设预备科，按照高等学堂程度而教之专门科学之始基立矣，而各省高等学堂，亦经开办，其一二年后，毕业之优等生，均应升入分科大学，"他建议在京郊选址建校，提出两块地方可作校址："今京师大学堂内分八科，需地甚广。臣遍查内城南城以内，均无此空旷合用之地，唯广宁门外瓦窑有地一所；又出德胜门数里外有地一所，广轮之数均合程度。"

清政府批准了这份奏请："奉旨学务大臣议奏"。随后，学务大臣派人着手实地勘查上述两地。

1905年12月5日，《学务大臣奏请建设分科大学片》（刊登在1905年12月26日《时报》第四版上）提出具体方案：京师大学堂分科大学分两处建设，一处在德胜门外操场地方，作为除农科外其他七科分科大学的校址；另一处"瓦窑地方则留以专办农科。查农科需地较广，万不能与各科并设一处。日本农科亦系另设。该地宜于种植，以之专办农科亦属相宜。"

当天，清政府批准了学务大臣的奏请："奉旨，著照所请，该衙门知道，钦此。"（图1和图2）

据此奏请，瓦窑地方（1902年已购地1300亩）划为农科建校之用。农科大学筹建由此开始。后来的历史记载均认定1905年秋为农科大学筹建之始。

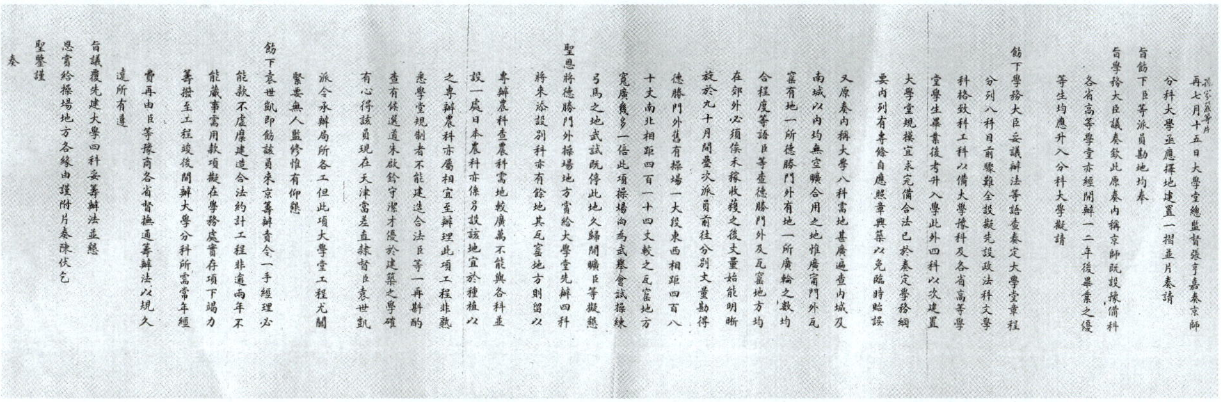
孫家鼐等片
再七月十五日大學堂總監督張亨嘉奏京師
分科大學亟應擇地建置一摺並片奏請
旨飭下臣等派員勘地均奉
旨學務大臣議奏欽此原奏內稱京師既設豫備科
各省高等學堂亦經開辦一二年後畢業之優
等生均應升入分科大學擬請
飭下學務大臣妥議辦法等語查奏定大學堂章程
分列八科目前驟難全設擬先設政法科文學
科格致科工科以備大學豫科及各省高等學
堂學生畢業後考升入學此外四科以次建置
大學堂規模宜求完備合法已於奏定學務綱
要內列有專條自應照章興築以免臨時貽誤
又原奏內稱大學八科需地甚廣遍查內城及
南城以內均無空曠合用之地惟廣甯門外瓦
窑有地一所德勝門外有地一所廣輪之數均
合程度等語臣等查德勝門外及瓦窑地方均
在郊外必須俟禾稼收穫之後丈量始能明晰
旋於九十月間疊次派員前往分別丈量勘得
德勝門外舊有操場一大段東西相距四百八
十丈南北相距四百一十四丈較之瓦窑地方
寬廣幾多一倍此項操場向為武舉會試操練
弓馬之地武試既停此地久歸閒曠臣等擬懇
聖恩將德勝門外操場地方賞給大學堂先辦四科
將來添設別科亦有餘地其瓦窑地方則留以
專辦農科查農科需地較廣萬不能與各科並
設一處日本農科亦係另設該地宜於種植以
之專辦農科亦屬相宜至辦理此項工程非熟
悉學堂規制者不能建造合法臣等一再斟酌
查有候選道朱啟鈐守潔才優於建築之學確
有心得該員現在天津當差直隸督臣袁世凱
派令承辦局所各工但此項大學堂工程尤關
緊要無人監修惟有仰懇
飭下袁世凱即飭該員來京籌辦責令一手經理必
能款不虛糜建造合法約計工程非適兩年不
能蕆事需用款項擬在學務處實存項下竭力
籌撥至工程竣後開辦大學分科所需常年經
費再由臣等豫商各省督撫通籌辦法以規久
遠所有遵
旨議覆先建大學四科妥籌辦法並懇
恩賞給操場地方各緣由謹附片奏陳伏乞
聖鑒謹
奏

图1 《学务大臣奏请建设分科大学片》原文（1905年12月5日）

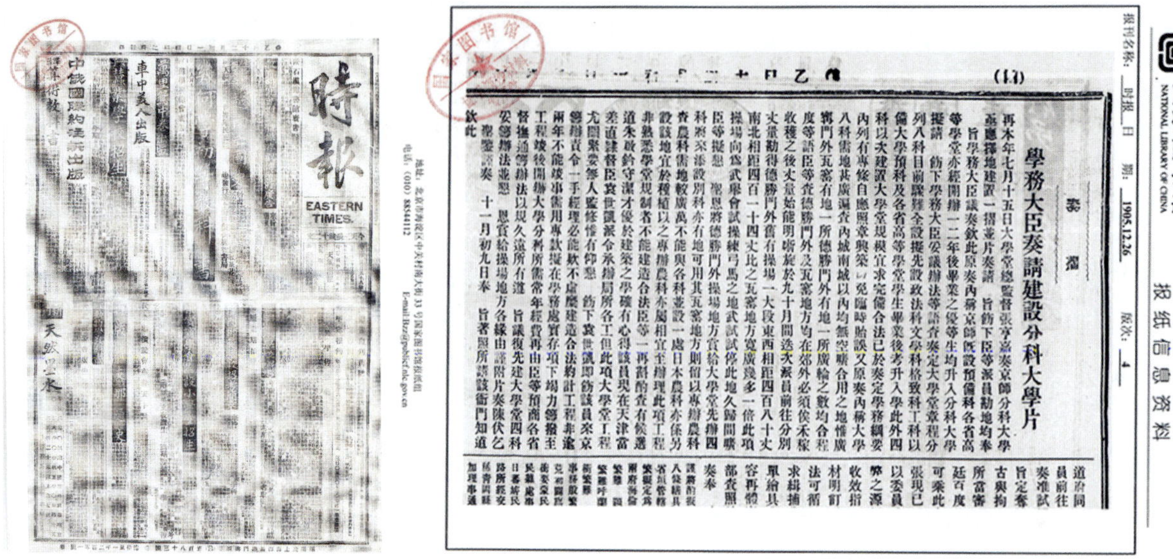

報刊名稱：時報 日期：1905.12.26 版次：4

國家圖書館 NATIONAL LIBRARY OF CHINA 报纸信息资料

時報 EASTERN TIMES

奏摺

學務大臣奏請建設分科大學片

再本年七月十五日大學堂總監督張亨嘉奏京師分科大學亟應擇地建置一摺並片奏請 旨飭下臣等派員勘地均奉 旨學務大臣議奏欽此原奏內稱京師既設預備科各省高等學堂亦經開辦一二年後畢業之優等生均升入分科大學擬請 飭下學務大臣妥議辦法等語查奏定大學堂章程分列八科目前驟難全設擬先設政法科文學科格致科工科以備大學預科及各省高等學堂學生畢業後考升入學此外四科以次建置大學堂規模宜求完備合法已於奏定學務綱要內列有專條自應照章興築以免臨時貽誤又原奏內稱大學八科需地甚廣遍查內城南城以內均無空曠合用之地惟廣寗門外瓦窯有地一所德勝門外有地一所廣輪之數均合程度等語臣等查德勝門外及瓦窯地方均在郊外必須俟禾稼收穫之後丈量始能明晰旋於九十月間迭次派員前往分別丈量勘得德勝門外舊有操場一大段東西相距四百八十丈南北相距四百一十四丈比之瓦窯地方寬廣幾多一倍此項操場向爲武舉會試操練弓馬之地武試停此地久歸閒曠臣等擬懇 恩將德勝門外操場地方賞給大學堂先辦四科將來添設別科亦有地可用其瓦窯地方則留以專辦農科查農科需地較廣萬不能與各科並設一處日本農科亦係另設該地宜於種植以之專辦農科亦屬相宜至辦理此項工程非熟悉學堂規制者不能建造合法臣等一再斟酌查有候選道朱啟鈐守潔才優於建築之學確有心得該員現在天津當差直隸督臣袁世凱派令承辦局所各工但此項大學堂工程尤關緊要擬人監修惟有仰懇 飭下袁世凱即飭該員來京專辦責令一手經理必能欵不虛縻建造合法約計工程非逾兩年不能竣事需用專款擬在學務處實存項下竭力籌撥至工程竣後開辦大學分科所需常年經費再由臣等預商各省督撫通籌辦法以規久遠所有遵 旨議復先建大學堂四科妥籌辦法並懇 恩賞給操場地方各緣由謹附片奏陳伏乞聖鑒謹奏 十一月初九日奉 旨著照所請該衙門知道欽此

图 2 刊登在 1905 年 12 月 26 日《时报》第四版上的《学务大臣奏请建设分科大学片》

1905 年 12 月 5 日批准瓦窑地方为农科大学建校地址之后，经过长时间的勘查，认为此地并不适宜办农科大学，主要缺点是“地势高旷，林泉缺乏，不甚合用”，于是又在京郊物色新址。

1908 年 8 月 16 日，清学部上奏了《附奏请拨望海楼地方苇塘官地建筑农科大学片》，奏请在钓鱼台一带建农科大学。这是在《会同度支部奏分科大学开办经费按年筹拨部款折》的附奏件，称之为“片”（图 3）。

奏称：“查德胜门外校场地方，前经臣部奏蒙恩准拨为分科大学之用，当经派员详细勘估，围筑地基，绘具图式，分建各科大学，该处地方广阔，远隔市廛，以之建造经、法、文、医、格致、工、商等科，均属敷用。惟农科大学，应以附近林麓河渠之地为宜。该处（按：指瓦窑地方）地势高旷，林泉缺乏，不甚合用。臣部复经咨由步军统领衙门派员履勘，查有阜成门外望海楼地方苇塘官地，约计十六七顷，南北甚狭，东西较长，若就其地势，开浚沟渠，堪为农事试验场之用。附近民地，亦可设法购买，建筑农科大学。惟该地段系归奉宸苑收租，当经商明该管理王大臣堪以拨归臣部应用，拟恳天恩允准赏给臣部作为开办农科大学之用，出自鸿慈，谨附片具陈。伏乞圣鉴，谨奏。”

经清政府准奏：“奉旨，依议”。

这就是农科大学最终寻址罗道庄时的决策经过。

1908 年选定罗道庄一带为建设农科大学的校址，符合当年京师大学堂所定的基本原则，是一次有远见的正确决策。

综观京师大学堂农科大学从酝酿到筹办，曾提出了几项重要的原则：

（1）远离城区。京师大学堂要建在“地方广阔、远离市廛”之地，主张不在城里建校。农科大学尤应建在郊区，但又绝不是僻野。1908 年之前，一批有识之士已有这种主张。

（2）京师大学堂章程中多次强调，农科大学应建在林泽之地。“农科大学，应以附近林麓河渠之地为宜”“农科需水泽便利”。据此而否定了瓦窑地方建校的方案。

寻址罗道庄。这里农田广阔、水旱兼备，为农科大学从事农林牧渔教育与研究提供便利，实为

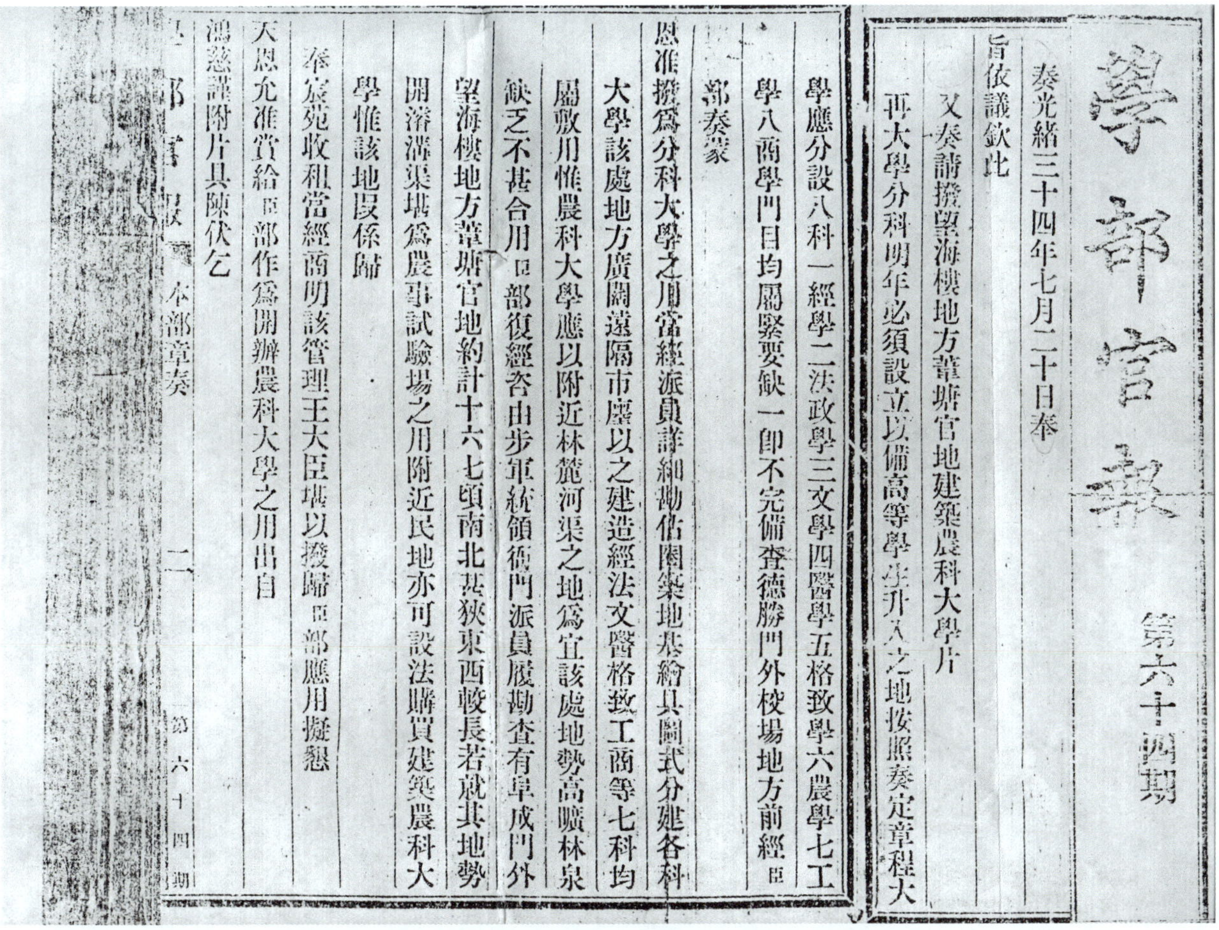

學部官報 第六十四期

奏光緒三十四年七月二十日奉
旨依議欽此
又奏請撥望海樓地方葦塘官地建築農科大學片
再大學分科明年必須設立以備高等學堂升入之地按照奏定章程大學應分設八科一經學二法政學三文學四醫學五格致學六農學七工學八商學門目均屬緊要缺一即不完備查德勝門外校場地方前經臣部奏蒙
恩准撥爲分科大學之用當經派員詳細勘估圈築地基繪具圖式分建各科大學該處地方廣闊遠隔市廛以之建造經法文醫格致工商等七科均屬敷用惟農科大學應以附近林麓河渠之地爲宜該處地勢高曠林泉缺乏不甚合用臣部復經咨由步軍統領衙門派員履勘查有阜成門外望海樓地方葦塘官地約計十六七頃南北甚狹東西較長若就其地勢開濬溝渠堪爲農事試驗場之用附近民地亦可設法購買建築農科大學惟該地段係歸
奉宸苑收租當經商明該管理王大臣堪以撥歸臣部應用擬懇
天恩允准賞給臣部作爲開辦農科大學之用出自
鴻慈謹附片具陳伏乞

學部官報 本部章奏 二 第六十四期

图 3　刊登在《学部官报》上的《附奏请拨望海楼地方苇塘官地建筑农科大学片》

农科大学理想校园。

（3）单独建校。1905 年《学务大臣奏请建设分科大学片》中强调提出：“查农科需地较广，万不能与各科并设一处。日本农科亦系另设”。

（刘建平　文）

参考文献

[1] 学务大臣奏请建设分科大学片 . 时报（N），上海：时报社，1905 年 12 月 26 日（第四版）

[2] 附奏请拨望海楼地方苇塘官地建筑农科大学片 . 学部官报第六十四期（J），北京：学部图书局，1908 年 7 月

[3] 北京农业大学校史资料征集小组，北京农业大学校史（1905-1949）[M]. 北京：北京农业大学出版社，1990.

[4] 张仲葛 . 中国近代高等农业教育的发祥 [M]. 北京：北京农业大学出版社，1992.

[5] 王步峥，杨滔 . 中国农业大学史料汇编（1905—1949，上下卷）[M]. 北京：中国农业大学出版社，2005.

1949 年北京农业大学的成立

北京大学、清华大学和华北大学的三所农学院合并成立北京农业大学，是新中国建立前夕，中共中央和对华北地区高等教育机构和科研力量进行调整的重要举措。

1. 当时的情形

1949 年 3 月 17 日，中共中央发出了《关于北平各大学的几个方针问题的指示》(图 1)，指出：北平高等学校有必要“进行合理化的调整与合并。”“但实行调整合并时必须顾到群众条件是否成熟。”“凡条件已成熟者，予以合并；条件未成熟者，不要急于合并；不能合并者，不要强求合并。”合并与否“应该在各校教授、学生中进行酝酿。”还特别强调：“清华教授中门户之见甚深。”所以，“清华的院系调整合并要审慎。”

《关于北平各大学的几个方针问题的指示》同时指出：“农学院情况不详，望研究后决定。”

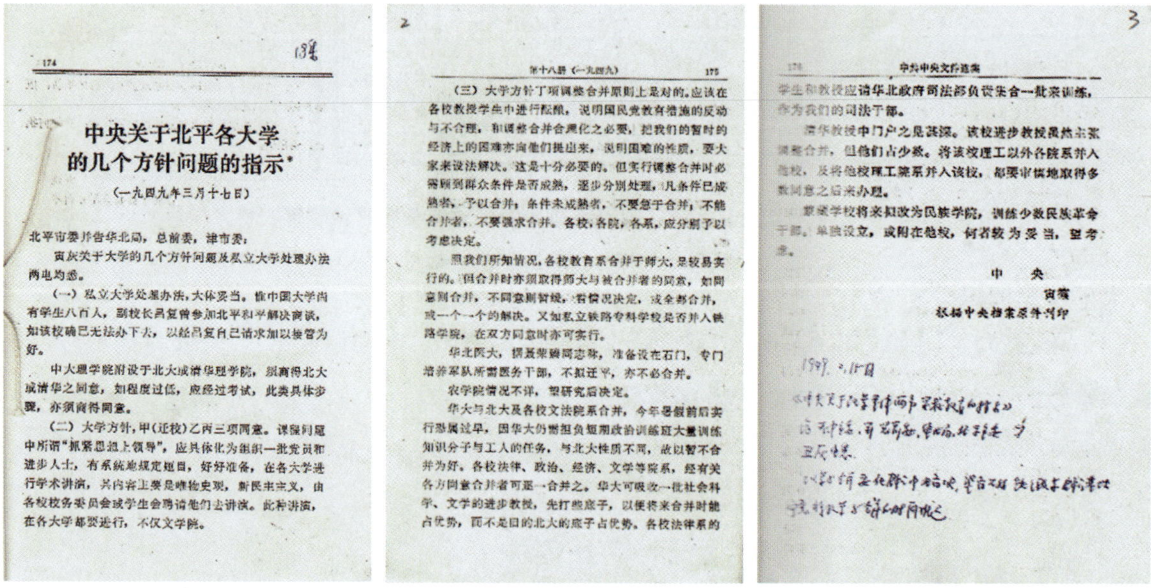
174

中央关于北平各大学的几个方针问题的指示*

（一九四九年三月十七日）

北平市委并告华北局，总前委，津市委：

寅灰关于大学的几个方针问题及私立大学处理办法两电均悉。

（一）私立大学处理办法，大体妥当。惟中国大学尚有学生八百人，副校长吕复曾参加北平和平解决商谈，如该校确已无法办下去，以经吕复自己请求加以接管为好。

中大理学院附设于北大或清华理学院，须商得北大或清华之同意，如程度过低，应经过考试，此类具体步骤，亦须商得同意。

（二）大学方针，甲（近校）乙丙三项同意。课程问题中所谓“抓紧思想上领导”，应具体化为组织一批党员和进步人士，有系统地规定题目，好好准备，在各大学进行学术讲演，其内容主要是唯物史观，新民主主义，由各校校务委员会或学生会聘请他们去讲演。此种讲演，在各大学都要进行，不仅文学院。

第十八册（一九四九） 175

（三）大学方针丁项调整合并原则上是对的。应该在各校教授学生中进行酝酿，说明国民党教育措施的反动与不合理，和调整合并合理化之必要，把我们的暂时的经济上的困难亦向他们提出来，说明困难的性质，要大家来设法解决。这是十分必要的。但实行调整合并时必需顾到群众条件是否成熟，逐步分别处理，凡条件已成熟者，予以合并；条件未成熟者，不要急于合并；不能合并者，不要强求合并。各校，各院，各系，应分别予以考虑决定。

照我们所知情况，各校教育系合并于师大，是较易实行的。但合并时亦须取得师大与被合并者的同意，如同意则合并，不同意则暂缓，看情况决定，或全部合并，或一个一个的解决。又如私立铁路专科学校是否并入铁路学院，在双方同意时亦可实行。

华北医大，据聂荣臻同志称，准备设在石门，专门培养军队所需医务干部，不拟迁平，亦不必合并。

农学院情况不详，望研究后决定。

华大与北大及各校文法院系合并，今年暑假前后实行恐属过早，因华大仍需担负短期政治训练班大量训练知识分子与工人的任务，与北大性质不同，故以暂不合并为好。各校法律、政治、经济、文学等院系，经有关各方同意合并者可逐一合并之。华大可吸收一批社会科学、文学的进步教授，先打些底子，以便将来合并时能占优势，而不是旧的北大的底子占优势。各校法律系的

176 中共中央文件选集

学生和教授应请华北政府司法部负责集合一批来训练，作为我们的司法干部。

清华教授中门户之见甚深。该校进步教授虽然主张调整合并，但他们占少数。将该校理工以外各院系并入他校，及将他校理工院系并入该校，都要审慎地取得多数同意之后来办理。

蒙藏学校将来拟改为民族学院，训练少数民族革命干部。单独设立，或附在他校，何者较为妥当，望考虑。

中 央

寅篠

根据中央档案原件刊印

图 1 《中央关于北平各大学的几个方针问题的指示》(载《中共中央文件选集》第 18 集)

1949 年，各大学中设有北京大学农学院、清华大学农学院和华北大学农学院三个农学院，还有辅仁大学农学系。此时，经过多年战乱，全国满目疮痍、百废待兴、百端待举，要在这样一个局面下新中国首都同时办三个农学院，无论从人力、物力还是布局考虑，对高等农业教育院校进行调整与合并很有必要，也是局势所逼，更是大势所趋。

2. 调整前酝酿

对于农学院如何调整，根据中共中央的指示，1949 年 6 月，北京大学农学院首先进行了酝酿，这是至关重要的一步。由于北京大学农学院的办学条件在各农学院中是最好的，因而罗道庄成为合

并后新校址的最好选择，也是唯一可行的选择。因此，北京大学农学院师生的意向与意见，成为罗道庄能否作为合并后的新校址的决定性因素（因为当时无论是办学条件，还是院系设置、师资力量，北京大学农学院都是最好的）。

1949 年 6 月，在北京大学农学院院务会议上和在全体师生中展开了大讨论，师生们一致赞成调整合并。这为三个大学农学院的合并创造了可行条件。以北京大学农学院和全院师生的名义，上报中共中央的成立农业大学《意见书》和由 80 位教师联名的《关于合并华北农业教育机关成立农业大学的意见书》，充分表达了北京大学农学院师生的意愿（见图 2 至图 4）。

1949 年 7 月，清华大学农学院也开展了讨论。

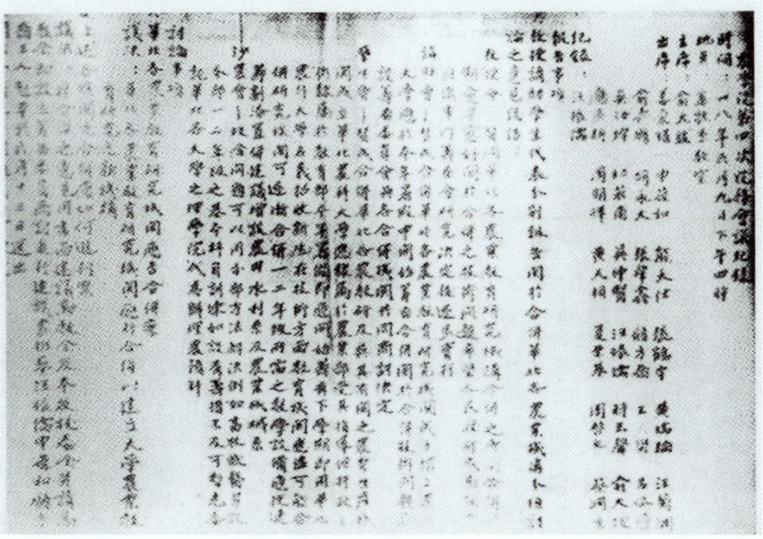

图 2　北京大学农学院师生关于合并建立农业大学的建议酝酿（1949.6）

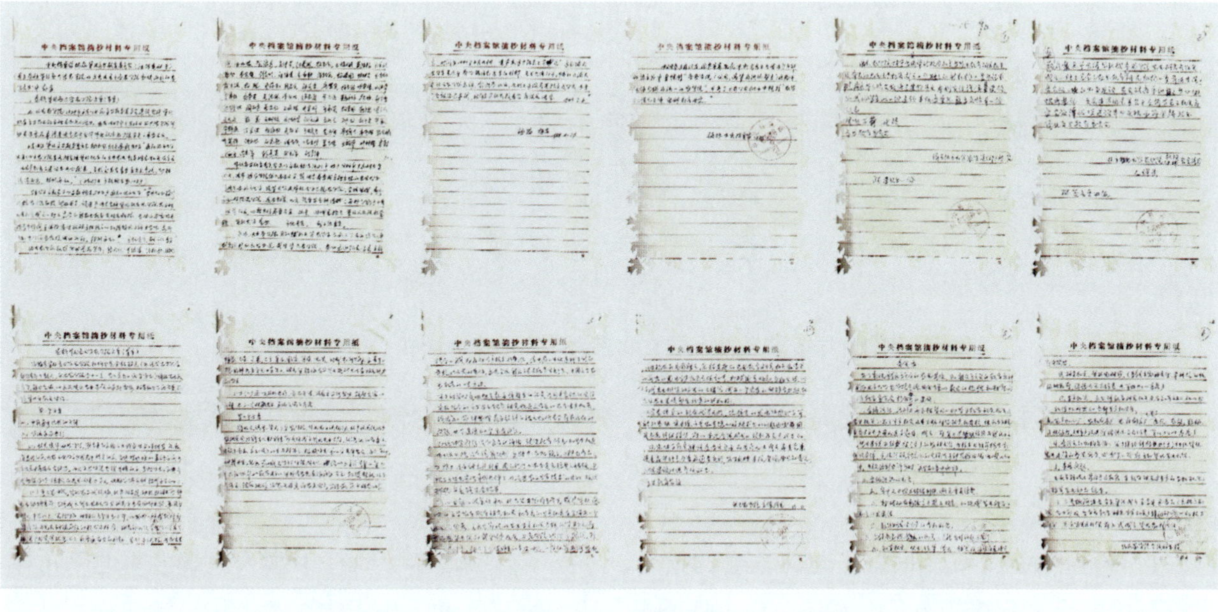

图 3　北京农业大学校史资料征集小组在中央档案馆查阅档案的摘抄（注：整理后，已将其编入王步峥、杨滔主编的，中国农业大学出版社于 2005 年出版的《中国农业大学史料汇编》1905 — 1949）

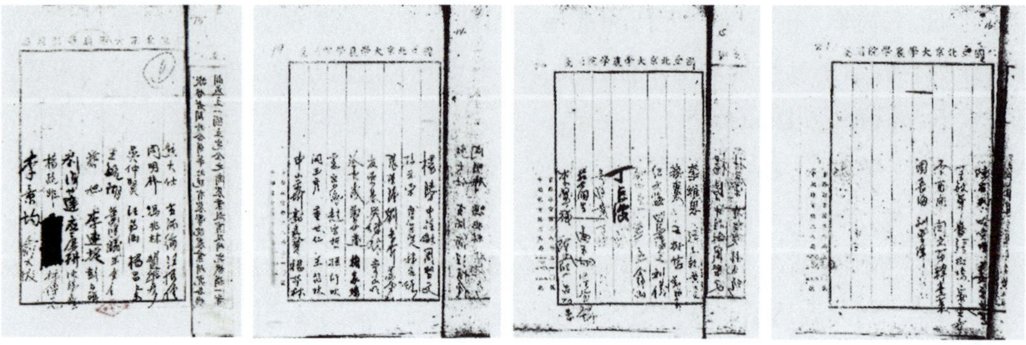

图 4　国立北京大学农学院 80 位教师在《关于合并华北农业教育机关成立农业大学的意见书》上签名

3. 中央的决策

北京大学农学院师生的意向与建议，受到中共中央高度重视，并肯定了建议意见。

1949 年 7 月 28 日，中央决定辅仁大学农学系并入北京大学农学院（见图 5）。

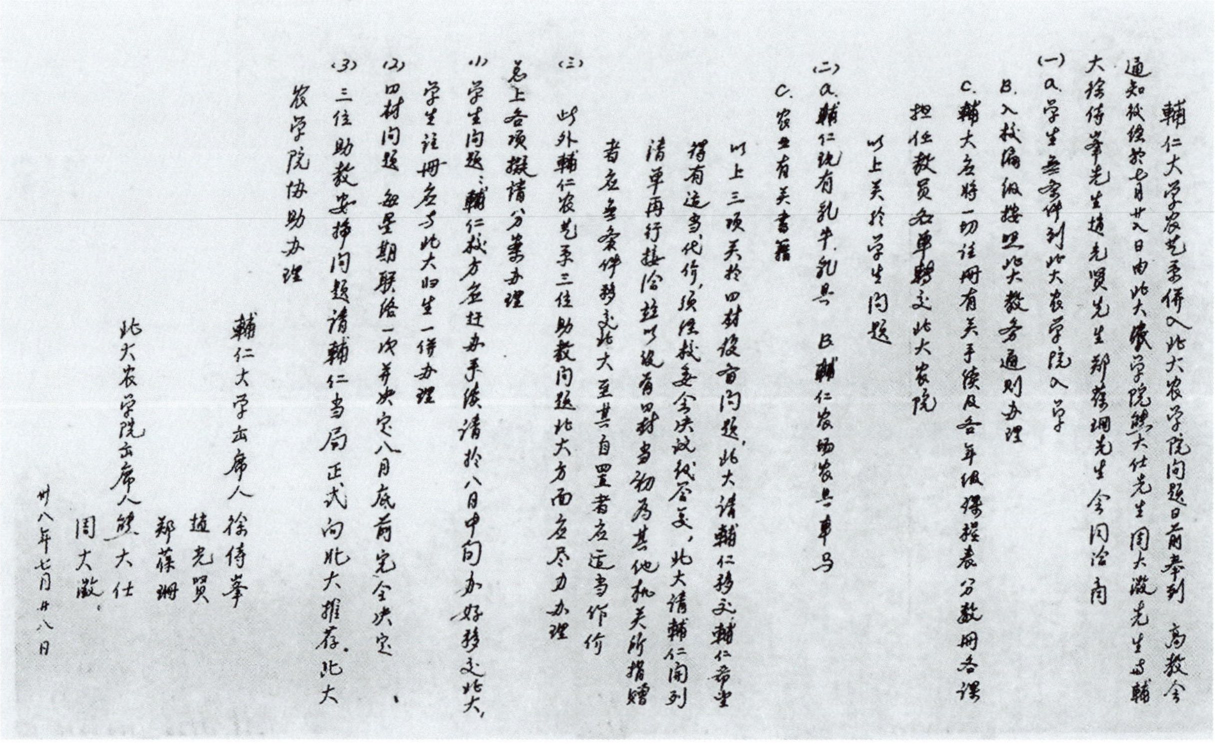

辅仁大学农艺系併入北大农学院问题日前奉到 高教会
通知拟于七月廿八日由北大农学院熊大仕先生周大澂先生与辅
大徐侍峯先生赵光贤先生郑藻珊先生会同洽商
(一)a.学生无需併到北大农学院入学
B.入校编级按照北大教务通则办理
C.辅大应将一切注册有关手续及各年级修程表分数册各课
担任教员名单移交北大农院
以上关于学生问题
(二)a.辅仁现有乳牛.乳具　B.辅仁农场农具车马
C.农系有关书籍
以上三项关于四材设备问题，北大请辅仁移交，辅仁希望
将有适当代价，须经校委会决议後答复，北大请辅仁开列
清单再行接洽 並以後有四材当初为其他机关所捐赠
者应参照併移交北大至其自置者应适当作价
(三)此外辅仁农艺系三位助教问题北大方面应尽力办理
总上各项拟请分案办理
(1)学生问题：辅仁校方应赶办手续，请于八月中旬办好移交北大，
学生注册应与北大旧生一併办理
(2)四材问题 每星期联络一次并决定八月底前完全决定、
(3)三位助教安插问题请辅仁当局正式向北大推荐．北大
农学院协助办理

辅仁大学出席人 徐侍峯
赵光贤
郑藻珊
北大农学院出席人熊大仕
周大澂
卅八年七月廿八日

图 5　辅仁大学农艺系并入国立北京大学农学院协议书（1949.7.28）

1949 年 9 月 10 日，在华北高等教育委员会（简称“华北高教会”，当时还未成立教育部）党组会议上，传达了中共中央决定：北京大学、清华大学、华北大学三校农学院合并，成立农业大学，决定组织筹备委员会。

1949 年 9 月 16 日，根据华北高教会的指示，成立了以钱俊瑞（时任中国人民解放军北平市军事管制委员会文化接管委员会主任）为主任委员，张宗麟、张冲、乐天宇、俞大绂、汤佩松、黄瑞纶为常委的农业大学筹备委员会，并召开了第一次会议。农业大学筹建工作启动（见图 6、图 7）。

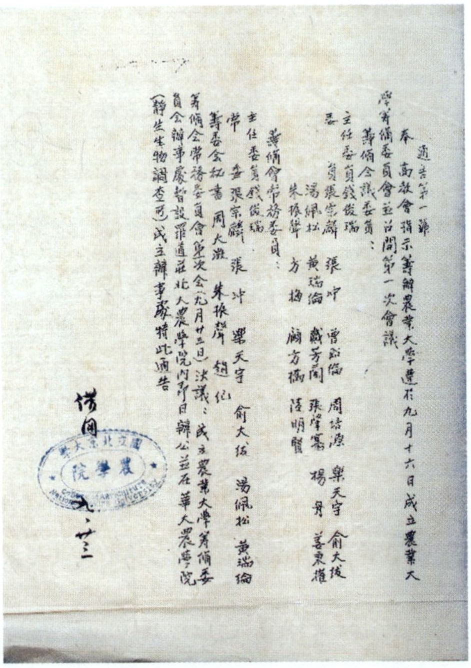

通告第一號

奉 高教會指示籌辦農業大學遂於九月十六日成立農業大學籌備委員會並召開第一次會議

籌備會議委員：

主任委員錢俊瑞

委員張宗麟 張 沖 曾昭掄 周詒源 樂天宇 俞大紱

湯佩松 黃瑞綸 戴芳瀾 孫渠寫 楊 [illegible] 婁東權

朱振聲 方 梅 顧方喬 陸明賢

籌備會常務委員：

主任委員錢俊瑞

常務委員張宗麟 張 沖 樂天宇 俞大紱 湯佩松 黃瑞綸

籌委會秘書 周大激 朱振聲 趙 仁

籌備會常務委員會第一次會（九月廿三日）決議：成立農業大學籌備委員會辦事處暫設羅道莊北大農學院內即日辦公並在華大農學院（靜生生物調查所）成立辦事處特此通告

九、廿三

图 6 农业大学筹备委员会成立通告第一号（1949.9.16）

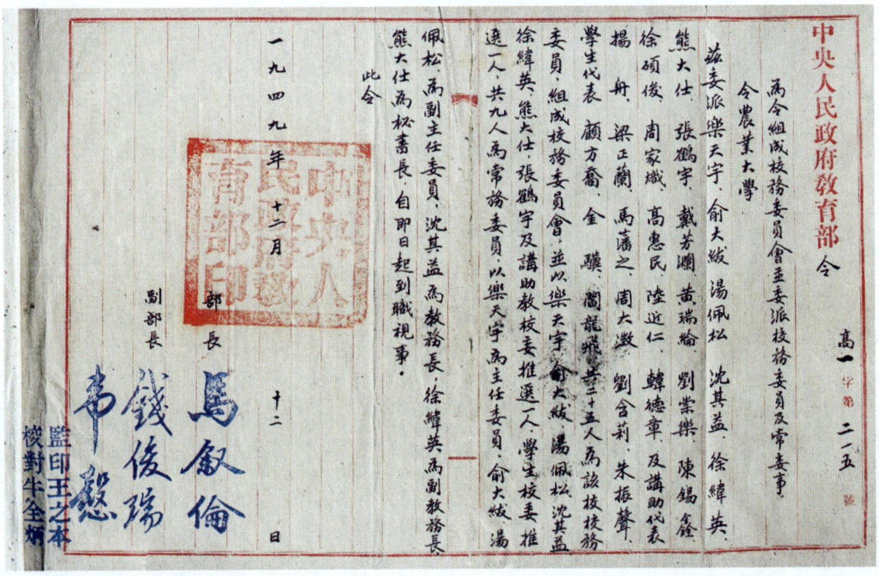

中央人民政府教育部 令 高一字第二一五號

為令組成校務委員會並委派校務委員及常委事

令農業大學

茲委派樂天宇、俞大紱、湯佩松、沈其益、徐緯英、熊大仕、張鶴宇、戴芳瀾、黃瑞綸、劉崇樂、陳錫鑫、徐碩俊、周家熾、高惠民、陸近仁、韓德章、及講助代表揚舟、梁正蘭、馬藩之、周大激、劉含莉、朱振聲、學生代表顧方喬、金 驥、閻龍飛等二十五人為該校校務委員，組成校務委員會，並以樂天宇、俞大紱、湯佩松、沈其益、徐緯英、熊大仕、張鶴宇及講助教校委推選一人、學生校委推選一人，共九人為常務委員，以樂天宇為主任委員，俞大紱、湯佩松為副主任委員，沈其益為教務長，徐緯英為副教務長，熊大仕為秘書長，自即日起到職視事。

此令

部長 馬敘倫

副部長 錢俊瑞 韋愨

一九四九年十二月十二日

監印 王之本

校對 牛全炳

图 7 中央人民政府教育部令（高一字第二一五号）：农业大学校务委员会成员（1949.12.12）

4. 学校的命名

给学校如何命名？1949 年 12 月，学校发动全校师生员工展开大讨论，征求意见。汇总师生员工意见后，最后集中了两个方案：一是建议学校名称为北京农业大学（绝大多数教师的意见）；二是建议学校应命名为中央农业大学（学生中的多数意见）。1950 年 1 月 7 日上报以上两个方案，请中央定夺。1950 年 4 月 8 日，学校接教育部通知，正式定名北京农业大学（见图 8）。

5. 确定校领导

经过了三个月的酝酿，学校主要负责人（第一把手）才确定下来。最初，上级曾提议由著名教

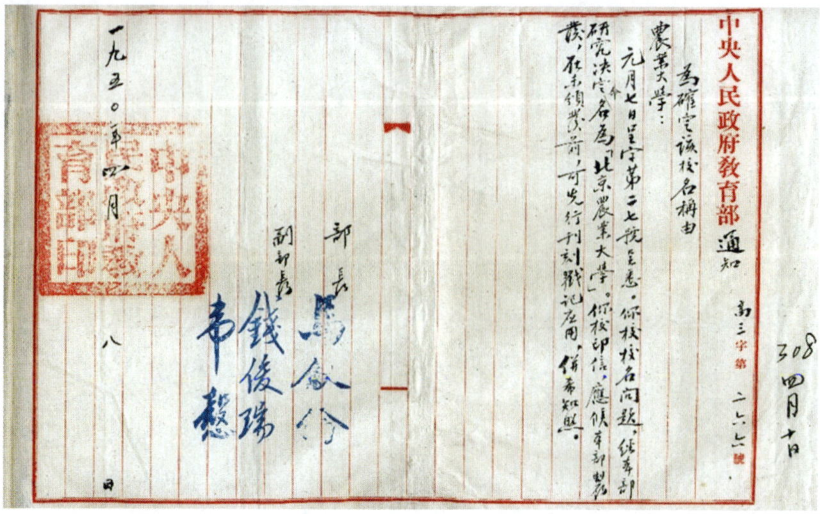

中央人民政府教育部通知 高三字第二六六號
308 四月十日
為確定該校名稱由
農業大學：
元月七日呈字第二七號呈悉。你校校名問題，經本部研究決定命名為「北京農業大學」。你校印信，應俟本部製發，在未領發前，可先行刊刻戳記應用，併希知照。
部長 馬叙倫
副部長 錢俊瑞 韋慤
一九五〇年四月八日
中央人民政府教育部印

图 8　中央人民政府教育部通知（高三字第二六六号）：关于北京农业大学定名通知（1950.4.8）

授戴芳澜担任校长。但由于学校内部意见不统一，并且戴芳澜一向不愿意担任行政职务，最终决定由乐天宇担任校务委员会主任委员（行使校长职权），俞大绂、汤佩松担任校务委员会副主任委员。时任教育部副部长兼农业大学筹备委员会主任委员的钱俊瑞在就职大会上讲话说："今天全中国范围内以这样大的力量办这样的学校是头一个。中央人民政府对这个学校方针与实施给以重大注意，我们建设这个学校，对中国农业及农业教育要树立新的榜样。"

（刘建平　文）

参考文献

[1] 中央档案馆 . 中共中央文件选集第十八册（M），北京：中共中央党校出版社，1992 年 10 月

[2] 农学院第四次院务会议记录：1949 年 6 月 9 日 [B]. 北京：中国农业大学档案与校史馆（北京大学农学院全宗，类目二，案卷 36）

[3] 王步峥，杨滔 . 中国农业大学史料汇编（1905—1949，上下卷）[M]. 北京：中国农业大学出版社 ,2005:1-1056.

[4] 辅仁大学农艺系并入国立北京大学农学院协议书：1949 年 7 月 28 日 [B]. 北京：中国农业大学档案与校史馆（北京大学农学院全宗，类目二，案卷 21）

[5] 农业大学筹备委员会成立通告第一号：1949 年 9 月 16 日 [B]. 北京：中国农业大学档案与校史馆（北京农业大学全宗，案卷 1949-XZ11-2）

[6] 农业大学筹备委员会成立通告第一号：1949 年 9 月 16 日 [B]. 北京：中国农业大学档案与校史馆（北京农业大学全宗，案卷 1949-XZ11-2）

[7] 农业大学筹备委员会成立通告第一号：1950 年 4 月 8 日 [B]. 北京：中国农业大学档案与校史馆（北京农业大学全宗，案卷 1950-XZ11-5）

[8] 北京农业大学校史资料征集小组 . 北京农业大学校史（1905 — 1949）[M]. 北京：北京农业大学出版社，1990.

[9] 王步峥 . 北京农业大学校史（1949 — 1987）[M]. 北京：北京农业大学出版社，1995.

二

办学思想

办学思想是学校的灵魂，它包括办学宗旨、办学目标、办学策略，具体体现在校训、校风、校规、校歌、教育理念、建校原则、育人取向、培养目标、精神偶像、育人途径、学风建设、教师形象、校园文化等方面。

一所大学的办学思想是集体智慧的结晶，必然与学校所处的社会形势和肩负的任务使命相适应。但实践中，大学的办学思想更多地受到校（院）长的个人信仰、价值观念和教育经历的影响。

本期我们介绍了四位农大校（院）长的办学思想和理念，他们分别是国立北京农业大学校长章士钊、国立北京大学农学院院长俞大绂、国立清华大学农学院院长汤佩松和华北大学农学院院长乐天宇。

1949 年新中国成立前，因战争频仍、社会动荡，学校的组织机构与领导体制亦不稳定，多数校（院）长并未及提出或实施其办学思想。章士钊任职农大校长虽亦不长，但他主张坚定，甫一上任即提出了明确的办学思想及治校主张，旋即付诸实施，成效昭彰，对后来者亦影响颇深。

而俞大绂、汤佩松、乐天宇作为学校历史上三个代表性人物，将北京大学、清华大学、延安自然科学院的办学特色和优良传统融入到各自农学院的治理中，形成了独特的办学思想和理念，也有着相应的实践举措和立杆效果。这为后来的北京农业大学探索其办学道路提供了宝贵的借鉴。

章士钊：影响深远意义重大的“以农立国论”

章士钊

1922 年至 1926 年间，章士钊累计担任北京农业专门学校及国立北京农业大学校长两年多，时间虽然不长，但影响颇大，尤其是他以“农村立国论”作为办学思想，对学校的建设与发展影响较大。为什么一位从政多年名扬天下，心系政坛，地位显赫的政治家，却对农业、农村、农业教育感兴趣了呢？这得从五四运动说起。

五四运动中，章士钊是一个“新旧调和论”者，因而遭到新文化运动中革命派的批评。1921 年，他决意脱离政界，遂赴欧洲游历一番。1922 年 9 月回国后，他的思想发生了很大转折。之前，他主要是研究中国的政治，中国的政治失分失在哪里？很长时间没有找到答案。通过在欧美考察，他终于找到了答案，这就是中国忘记了自己是一个农业国家，应当注重农业，而不是其他。有了这样的认识，所以要提倡“以农立国”。在此之前的 1921 年，国民政府曾聘请他担任北京大学校长，而他未就职，因为他对此不感兴趣。

1. 希冀“以农立国论”安邦定国

章士钊认为，西方面对的是工人问题，而中国的基本问题是农民问题。因此，“……非农业不能救中国。……”（章士钊《章行严在农大之演说词》，《章士钊全集》第 404 页）。

章士钊还主张抛弃一切与工商立国相关联的追求与制度。

首先应抛弃的是对利的追求。农国也有工商，问题在追求的是什么。他说：“农国讲节欲勉无为，知足戒争。”“欲寡而事节，财足而不争……农国之精神也。欲多而事繁、明争以足财，工国之精神也。”（章士钊《农国辨》，《章士钊全集》第 267、269 页）这就是两者的根本区别。他认为中国人应该选择前者，也就是说，他要中国人坚持中世纪农业经济时代的人生哲学。

其次，在政治领域，章士钊一反前期的主张，不要总统、国会、政党等等与工商国有关的一切制度。他一再撰文，反复演讲，说民初以来政局混乱，战祸连绵，都是走错了路，把不切中国国情的制度搬到中国。“一言以蔽之，吾为农国，不能妄采工业国之制度。”（章士钊《论代议制何以不适于中国》，《章士钊全集》第 169 页）

那么，用什么来代替被他否定的政治制度？什么制度可以安邦定国？章士钊经过“远游考览，独居深念”，得出的结论是：“政治二字，已归腐烂，非立业治，不足以实事求是，已乱兴邦。”农业是国本，首先应从振兴农业开始。其次，回归传统，建立自己所设计的社会经济制度。章士钊非常明确地指出，以农立国就是要摒弃外来的现代文化，回归传统。

几千年来，中国一直处于农业社会，其基本特征是以农养生、以农养政，国家政权的正常运转主要靠农业提供财政来源。中国的先人历来主张“食为政首，农为邦本”“国以民为本，民以食为天”“农伤则国贫”等，由此形成了一系列的农本观念和治国方略。因此，传统的农业社会实行重农政策有其历史的必然性。而这些因素也成为章士钊主张以农立国思想的重要立论基础。

2.“以农立国论”作为办学宗旨

章士钊的农业立国论一出现，即遭到当时中国共产党主要领导人陈独秀的反对，陈独秀认为“以农立国论”是“祸国殃民，亡国灭种的议论”，是拒绝现代化，复古倒退“和野人接近一步”的谬论。

陈独秀全盘否定“以农立国论”的历史背景，自然与章士钊的新文化运动所持“新旧调和”的立场有关，章士钊主张礼教复兴，坚持文言文学，反对新文化运动。

但章士钊的“以农立国论”，并非没有人赞成，当时他的主张深受国立北京农业专门学校和国立北京农业大学师生的赞赏。

章士钊先后于1922年12月至1923年3月、1923年3月至1924年4月、1925年5月至1926年1月三次出任国立北京农业专门学校校长和国立北京农业大学校长，共两年多时间。虽然时间不长，但对学校的建设与发展影响较大。

章士钊为了实现以农立国的思想，为了能更好地把学校办好，任职校长后，采取了以下举措。

1）公开招贤纳士，延聘农业人才。1922年12月12日，北洋政府教育部以第283号训令，委任章士钊为国立北京农业专门学校校长。为此，多数教职员和学生表示欢迎。

章士钊被委任国立北京农业专门学校校长后，曾就如何办好学校发表了一些颇有见地的看法。12月16日，《晨报》以《章士钊愿为改造农校炮手》为题，登载了章士钊的谈话：“闻章氏对于校长一席，决意不就，但对于改造农校一事，颇有独具见解之处。据其语人云：京师国立八校，积弊太深，非根本改造，毫无发展希望，教育部既有将农专改造农业大学之计划，则正宜乘此时机，将农专先行解散，组织农大之事。一面在各省会地方，登报招集农业专门人才，担任教授；一面将农专学生加以甄别试验，合格者则升为农大学生，不合格者则令入预科补习。若教育部能容纳章之意见，则章愿为改造农校炮手之一，在筹备委员会中尽力。否则，不生不死，无可展布之农专校长，决不为也。”“大学实现之时，聘请的教授，总要那很好很好的，并且可往外洋聘请。务求实际的补益，高深的研究。”（《章士钊在农专之演说》，《晨报》1922年12月26日）

1923年1月24日，北京《晨报》刊登了章士钊《征聘农业专家特告》：“北京农业专门学校现改组为农业大学，拟扩充设备，多聘专任教授，注重农民教育，以办到师生农民通力合作，建树将来农村立国之基础为主旨，剔除旧弊，运用新想，与保障教员生活，俱尽量而为，不循常格。本校正如白纸画山成山，画水成水。世有农业专家怀抱伟略，幸以本校为理想试验之地。通讯时请将学历志愿详为开示以便分别延聘。”

章士钊非常重视有真才实学的教授，不仅聘请国内的教授，而且还聘请国外专家来校任教。“改大”当年（1923年3月8日，学校名称由国立北京农业专门学校改为国立北京农业大学），全校教职员已达72人，比以前增加较多。章士钊在报上公开纳贤，是其建设学校，使学校能更好发展的重要举措。这一举动，得到了响应，一批学有专长、饱学之士纷纷来校执教，并逐渐构成一支学识与资历雄厚的教师队伍，可谓是意义深远，功不可没。

以下就是章士钊聘请的部分从国外学成回国的学者。

1923年聘任：植物学家钱崇澍（留学美国，1948年当选中央研究院院士，1955年当选中国科学院学部委员）、农学家唐有恒（留学美国）、兽医学家崔步瀛（留学日本）、胶体化学家薛培元（留学美国）、林学家沈鹏飞（留学美国）等。

1924 年聘任：林学家姚传法（留学美国）、土壤学家彭家元（留学美国）、胶体化学家与物理化学家虞宏正（留学德国、英国和美国，1955 年当选中国科学院学部委员）、农学家汪厥明（留学日本）、林学家万晋（留学美国）、昆虫学家蔡邦华（留学日本，1955 年当选中国科学院学部委员）等。

2）“以农立国论”作为办学宗旨。在担任国立北京农业专门学校和国立北京农业大学校长期间，章士钊对农业和农业教育十分重视和关心，主张农业救国，并将此作为办学的宗旨和方针。

章士钊主持拟定了《国立北京农业大学组织大纲》。其明确规定了北京农业大学的办学宗旨：“本大学以改进农业及农民生活，培养各种农业专门人才，期与农民通力合作，蔚成农村立国为宗旨。”显而易见，该“大纲”明确提出北京农业大学是以服务农业、农民、农村为最高目的的。这是章士钊执掌北京农业大学时的办学思想，对学校后来的发展影响深远。

如何实施“以农立国论”的办学宗旨，章士钊曾有过精彩演说，阐明了他的“改造方针”：“我以前研究中国的政治，失点在什么地方？多久没有答案。近几年来，往欧美考察得着了一个答案，就是中国忘记了他的本身是以农立国的，当注重农业。”他强调，中国的国情与欧美不同，“我现在已经觉悟这层，所以要提倡‘以农村立国’。既说以农村立国，就必须一种农业人才，这种人才，出自什么地方呢？自然是农业学校了。所以我愿意来办本校的，也就是因为可以促成我的主张。”

章士钊是当时政界和教育界的著名人士，辛亥革命后曾任北京大学教授。北洋政府委任他为国立北京农业专门学校（包括后来的国立北京农业大学）校长后，社会上又有他将在北京大学就职的议论。为此，他于 1923 年 5 月 12 日在《晨报》上发表题为《章士钊与北大》的公开信，表明他为什么愿掌“农大”：“夫办理学校，非弟素志，民国元年，即被任此席而未为（笔者注：1912 年 10 月，教育部任命章士钊为国立北京大学校长，章士钊未就职），今之主持农大，盖以其校适为农”，并称自己“为农迷者……了无他故”。

为了使“以农立国论”这一办学宗旨能够顺利实现，章士钊勉励全校的师生立志学农。他说：“我常常考查在农校毕业的学生，往往不去办农事上的事体，而反去办些不相干的，没用的，以至于非职业的，这真是大为可惜呵。这是由于社会忘了农业是立国的根本，并且加以轻视，而学农业的人，因为受了社会的冷漠待遇，也就不自己信仰自己所学的了，这是最大的谬误。我希望诸君，听了我说话之后，自信的心思，要强大些，要自信我们所学的农业，是可以整理国家的……本校又将为我国第一个农科大学，这种的重担，我们全体同学，理应放在肩上，力求上进……我对于本校的事情，过去的可以不管，从今天起，以后必然要极力进行，将大学组织完备，使诸君有学可求，那绝是我的责任。至于以后当不当本校的校长，那绝没有多大的关系。”

由于章士钊的办学思想被写入《国立北京农业大学组织大纲》，成为国立北京农业大学的办学宗旨，因此就植根于广大师生的心中，并在一个时期内成为指导本校办学的主导思想和办学理念。

3）克服重重困难，力筹教育经费。章士钊在当时十分困难的情况下，为国立北京农业大学筹措到的经费非常可观。据颜寄村《考察教育杂记》的统计，1923 年国立北京农业大学的全年经费为 248 400 元，每名学生平均为 1 150 元，高出国立北京大学每名学生平均经费 351.5 元 2 倍多，仅次于两所军事学校。

4）建立独具特色的多学科体系。学校“改大”后，章士钊校长按照《国立北京农业大学组织大纲》，将原设立的农学科、林学科改为农艺系、森林系、畜牧系、园艺系、生物系、病虫害系、农业化学系，为本校设系之肇端。受当时条件所限，畜牧、园艺、病虫害三系未单独招生，而是并入农艺系。“科”改“系”的举措，使学校向建立多学科体系的高等农业学府迈进。同时，学校开始按系培养多方向的专门人才，拓展了人才培养的领域，因而更适应国家对各种人才的需要。这一决策，彰显了学校执掌者的高瞻远瞩，其意义深远。

5）确定三大任务，办学理念创举。章士钊校长在《国立北京农业大学组织大纲》规定：“本大学事业，概分试验、教授、推广三大部。”也就是，将教学、科研与推广并列为学校的三大任务，独具只眼，别有特色，可谓历史创举。其一，重视试验（科学研究）工作，将试验列为三大任务之首；其二，重视推广工作，开学校历史之先河；其三，为使三大任务能顺利进行，在组织机构上做了保障——设农事试验场、教务部、推广部三大部门；其四，为了保障三大部门能顺利开展工作，又设农事试验会议、教务会议、农事推广会议制度，三大会议由校长或相关主任主持；其五，章士钊特别重视农事试验场的建设，且成绩显著。

尤其需要指出的是，章士钊将原有农场改建为农事试验场，不仅规模扩大了，而且分成水田、旱田、园艺、畜牧、蚕桑、森林六部，设一个总场（罗道庄总场 1 500 亩）和四个分场（卢沟桥一分场 660 亩、南口二分场 1 100 亩、老山林场三分场 340 亩、八里庄四分场 132 亩），使农事试验场兼有试验（科研）和生产双重任务，有利于学校的建设与发展。

章士钊办学思想的提出与实践，有助于克服教育脱离实际的弊端，推进了学校教育工作的健康发展。

1924 年 4 月，章士钊辞去国立北京农业大学校长之职，但他始终未改“农业立国”之志。这年 12 月，他再次到国立北京农业大学演讲，再次阐述他的“重农”主张。他说：“余办此农校，乃抱宏大之志愿而来，其后因种种原因，致志愿未遂，至深歉仄……以农业而言，余之志向，久在农村立国，每欲将全国所有之农业机关，尽以真正之农业人才办理，俾农业早趋于正轨，而国基永以奠定。来长斯校，意即在此……余自知非农业专家，就职之日，曾向学生宣言，余管理校门以外，校门以内，尽聘农业专家办理……”“余办农校，虽素有其志，然卒以琐事羁身，未能置全副精神于其中……因之余于此处得两种经验：（一）外行办不好事；（二）不能以全副精神办事，亦是办不好的”“余还有几句话，余今虽未办农校，然欲以农业救国之志始终未改，只要余在国内，余未有不努力于农业者，诸有属意吾国农业，从事研究改革，余当然尽力帮助。余近来北京观察，因环境许多刺激，愈觉非农业不能救中国……尤可痛心者，现在学农之人，出社会后，争寻他业而糊口，于本身既无丝毫之益，于国家徒遗争夺之患，长斯以往，国何以国。余希望诸君，在校多造本领，矢志农业，出肩改革之重任，使中国之国基，永定于农业，即世界之和平，亦将以此促成”“改革中国，须以生计为前提，讲究生计，舍农业莫属，是余所素倡导者。中国本为农业古国，以余意见，须返本还原”“必改良农业，乃可以裕生计而固国基，又何待辩。自然改良农业，障碍滋多，非有极大之力量以随其后，不能成功。所谓力量者即吾等坚强之意志，彻底之觉悟。诸君各具有此力量，余更愿加诸君一分之力量。余皈依农治之志非自今日始。改革中国之农业，余始终能随诸君之后，

以助诸君。"（章士钊《章行严在农大之演说词》,《章士钊全集》第 403 — 405 页）

章士钊提倡的"以农立国论"，成为办好农大、立志农业、改造农村的动力。他采取的一些高瞻远瞩的重要举措，虽然在他任期内没有多大成效，但后来，一批学有专长的专家纷纷从国内外应聘来到本校执教，尤其是从日本、德国、英国、美国等国家归国的留学生，其日后逐渐形成一支知识渊博、资力雄厚、令人骄傲的教授队伍。以此而言，章士钊功不可没。

（刘建平 文）

参考文献

[1] 章含之，白吉庵. 章士钊全集（1—10 卷）[M]. 上海：文汇出版社，2000.

[2] 刘建平，苏雅澄，王玉斌. 不曾忘却——中国农业大学先贤风范 [M]. 北京：中国农业大学出版社，2015.

[3] 钟祥财. 中国农业思想史 [M]. 上海：上海社会科学院出版社，1997.

[4] 郭文韬，曹隆恭. 中国近代农业科技史 [M]. 北京：中国农业科技出版社，1989.

[5] 陈哲夫，江荣海，谢庆奎，等. 现代中国政治思想流派 [M]. 北京：当代中国出版社，1999.

俞大绂：学科配置和师资选聘是办学关键

俞大绂

抗日战争胜利后不久，俞大绂教授接受了重建北京大学农学院任务，并被任命为院长。由于作为建校基础的原北平大学农学院在抗日战争中大伤元气，因此北京大学农学院在重建过程中面临许多困难，但俞大绂院长克服重重困难，并以其敏锐的洞察力认识到办好农学院的关键所在。进而，提出了高瞻远瞩、深谋远虑的办学思想和理念。

1. 选好学科带头人是办学的关键

首先面临的问题是选何地为院址。当时，选择的对象较广：有万牲园（今动物园），有华北农事试验场（今中国农业科学院），还有卢沟桥农场等。俞大绂院长经过全面衡量，慎重考虑，最终选定了老校址——罗道庄（是时，门墙上还留有“农科大学”石牌）。此时，百废待兴。在废墟上重建校舍，其艰难是可想而知的。尤其难者，是师资问题。为此，俞大绂院长提出了“要办好农学院，关键是选好系主任并拥有一批学术水平高的教师”的办学思想。为了实施他的办学韬略，实现他的办学思想，他在全国各地多方物色、精心挑选，延聘了一批学术水平高且全国知名的教授、学者担任各系系主任，他们是：李先闻教授、李景均教授（先后出任农艺学系主任），陈锡鑫教授（园艺学系主任），李荫桢教授、汪振儒教授（先后出任森林学系主任），林传光教授（植物病理学系主任），周明牂教授（昆虫学系主任），黄瑞纶教授（农业化学系主任），陈华癸教授、李连捷教授（先后出任土壤肥料学系主任），汪国舆教授、吴仲贤教授（先后出任畜牧学系主任），熊大仕教授（兽医学系主任），应廉耕教授（农业经济学系主任）。这些科学家既是促使北京大学农学院快速发展的栋梁，亦是后来北京农业大学各重要学科的主要带头人。要做好延揽人才之事，只有俞大绂院长这样在学术界有极高威望的教授，在当时才能聚集起如此雄厚的师资队伍。关于这一点，已故著名土壤学家李连捷院士颇有感触，他在《大绂先生二三事》一文中写道：“作为一院之长的俞老，当此多事之秋，不仅允许我成立土壤学系，还支持我招贤纳士，以扩展土壤教学与科研的影响。今忆往昔，若非这位学术思想开朗，不拘泥于一派的领导，实难达到今天的局面。”

2. 完善的学科体系是办学的保证

完善学科体系是俞大绂院长办学思想和理念的另一个方面。他曾多次强调，要想办好一所大学，首先要把系办好。为此，他在考虑北京大学农学院学科建设与发展时，经过反复斟酌、缜密思考，确立了农学院 10 个系的院系体制。这 10 个系是：农艺学系、园艺学系、森林学系、植物病理学系、昆虫学系、农业化学系、土壤肥料学系、畜牧学系、兽医学系、农业经济学系。他不仅确立了 10 个系，而且根据农业实践和理论发展需要，他将 10 个系划分为两大类——农业基础学科和农业应用学科。农业基础学科类包括植物病理学系、农业化学系、土壤学系；农业应用学科类包括农艺学系、园艺学系、昆虫学系、畜牧学系、兽医学系、森林学系、农业经济学系。力争10个系的完整体系对发展中国的高等农业教育和农业科学事业更具有重要的意义。北京大学农学院设系之多、分科之细，为当时全国高等农业院校之冠。其中，有些系为国内所仅有，有些系则以历史悠久而著称。对此，北京农业大学党委副书记王步峥同志在《俞大绂院长的办学特色及其历史性贡献》一文中写道："为了建10个系，北大和当时的国民政府教育部打了一年多的官司。最初未得到教育部的认可，经过反复力争才确定下来。一个农学院设10系之多，不仅北大其他学院没有，全国也绝无仅有。历史证明，俞院长坚持的科系体制，是俞的又一历史性贡献，为中华人民共和国成立后新农大科系的体制奠定了基础。"

3. 提出基础课与专业课并重举措

俞大绂院长办学思想和理念的第三个方面是确立北京大学农学院的两段教学制度，即一、二年级学生到北京大学理学院学习数学、物理、化学、生物学等基础学科，以加强基础科学的教学，三、四年级学生再在农学院学习专业课。这种教学制度成为当时北京大学农学院办学的一大特色。

在俞大绂院长的主持下，北京大学农学院于1946年10月正式在罗道庄开学，同时接管了原北平大学农学院所属的罗道庄农场、卢沟桥农场、南口农场等农场，创造了农学院规模宏大、学科齐全、科系广泛的教学条件和校园优美的环境，使北京大学农学院成为全国知名的农学院。

4. 提出农业高校办学的正确方向

光阴似箭，日月如梭。穿越30年的时光隧道，时间老人来到了1980年。此时，年近八旬的俞大绂教授被任命为北京农业大学校长。由他出任"文化大革命"后的第一任校长，真乃众望所归——他德高望重，学识渊博，有丰富的办学经验。当时，对农业大学的办学方向有多种观点。其中，有人提出"理农"方向。对于这个观点，他提出了自己的看法："农学院不同于理学院，理是基础，基础只能用加强的办法来解决，而不能作为发展方向。农业大学实际上是农业科学技术大学，随着科学技术的发展，农与工的结合将会越来越紧密，若说方向，我看'农'与'工'结合是方向。"对于学科建设与发展问题，他建议将农业经济学院改为农村社会学院。他精辟地指出："没有什么单纯的农业经济，农村是个社会发展问题，像农民住宅、畜禽舍建筑、道路设施等问题，都得考虑进去。"其实，早在抗日战争胜利后，他就曾提出"学农不要再怀着经营私有田庄的迷梦"，要求师生们要"走出狭小的实验室，去接触广大的农民，将所学的专长贡献给他们，了解农民的需要，设法帮助农民解决问题。"他一再重申他的办学思想，若想办好一所大学，首先要把系办好，重要的是选好系主任。他说，过去中央大学之所以办得好，就是因为有竺可桢、李四光、吴有训等系主任；我校兽医系办得好，那是系主任熊大仕教授打下的基础。没有一批好系主任，是无法把学校办好的。1984年6月22日，在北京农业大学召开的庆祝12位教授从教50周年座谈会上，他谈了自己对办好农业大学的想法："未来的北京农业大学，应办成一个综合性的大学。要办好它，也像做任何事业一样，干部是决定条件，我们应想方设法从国外、校外聘请有真才实学的专家、教师来我校工作，同时也加倍努力培养研究生，尽快充实教师队伍。学校的基础单位是系，学校应给予系更大的人权和财权，在系主任负责下，进行各项工作。在学校下设置以各学科为内容的学院，我认为应增设：①农业工程学院，因为我国是一个农业大国，当前农村经济发展迅速，对生产的机械化，乡镇企业的机械及生产性建筑、住房、交通、文娱性的建筑设施等方面，要求会越来越迫切；②要设置农业经济学院，其重要性大家都清楚；③要设置理学院，以加强我校数、理、化的力量，加强学科的基础。今后各学科的发展，会愈来愈互相渗透，彼此交织，向综合性发展。北京农业大学的办学方向，必须向这样一个综合型方向发展。”在强调系和系主任重要的同时，他还十分重视“团结”与“安定”。他视“团结”与“安定”为办好学校的“法宝”。他曾深情地说过：“在农大工作多年，我还是有点经验的，什么时候团结、安定，什么时候办的就好；什么时候不团结、不安定，什么时候就办不好。在农大历史上就是这样。”

俞大绂始终心系农业、农村和农民，即现在所说的“三农”，是按照中国的“国情”“农情”办中国的高等农业教育，这是他教育思想和理念的重要组成部分。现在，中国农业大学校训“解民生之多艰，育天下之英才”就是秉承了他的教育思想和办学理念。

（刘建平　文）

参考文献

[1] 瞿振元.当代后稷——中国农业大学名师风采[M].北京：中国广播电视出版社，2014.
[2] 中国农业大学百年校庆丛书编委会.中国农业大学百年校庆丛书——百年人物[M].北京：中国农业大学出版社，2005.
[3] 刘建平，狄梅宝，张立华.北京农业大学教授名录[M].北京：北京农业大学出版社，1990.
[4] 中国农业百科全书编辑委员会植物病理学卷编辑委员会.中国农业百科全书·植物病理学卷[M].北京：农业出版社，1996.
[5] 中国科学技术协会.中国科学技术专家传略（农学编·植物保护卷1）[M].北京：中国科学技术出版社，1992.
[6] 俞大绂论文集编委会.俞大绂论文集[C].北京：北京农业大学出版社，1990.

汤佩松：将农业院校办成农业生物学基地

汤佩松

汤佩松不仅是蜚声世界的科学家，而且也是理念前瞻的教育家。抗日战争胜利后，汤佩松于1946年夏离开云南大普集，随清华大学回到北平。这时，他被任命为清华大学农学院（由农业研究所扩大而成）院长。上任后，他开始运筹办学蓝图。作为蜚声国际的植物生理学家、教育家，他以战略的眼光，提出了他的办学理念和目标，即欲将清华大学农学院办成一个既是高级的教学机构，又是研究生物科学的基地。

1. 汤佩松的办学蓝图是什么?

汤佩松说："我的目标是办一个学术水平很高的农业生物学教学和研究场所，类似我的母校约翰·霍普金斯大学或后来在40年代的Princeton Institute for Advanced Study一样。至少像我当时经常表示的那样，清华大学农学院应当办成中国农学界的PUMC（当时的北京协和医学院)。既是一个高级的教学机构，又是一个致力于生物科学研究的基地。"他在回忆录中还说："用现代眼光来回顾，我当时40年代要办的这个农学院实际上就是从二次世界大战以后先在美国，后在欧洲某些先进国家逐渐兴办的'生命科学中心'或'生物科学学习计划'（Life Science School，or Biological Program）再加上一个'高级农学院'（如医学界的约翰·霍普金斯医学院）。到目前为止，在农业教学机构中国际上似乎尚未建立过这样的农业院校。"

为了实施办学蓝图，汤佩松着手聘请专业人才，并与好友俞大绂讨论把农学院办成什么样？关于这一阶段的经历，汤佩松在《为接朝霞顾夕阳——一个植物生理学科学家的回忆录》中写道："在刚刚胜利，等待复员的那一段，我和俞大绂及其他在大普集的'桥友'有时在牌战时，我曾问大绂他在抗战前南京金陵大学的学生中有没有很有才干的农学新人。由他介绍了几位正在或刚从国外留学回来的人才。但有的已经预约，有的不对口径。从中我幸运地预聘了由'中英庚款'送到英国的叶和才和尚在美国的沈隽。除人员的聘请外，我经常和大绂讨论，在当时的中国既已经有了几处'名牌'农学院，如老牌的'金大'农学院、'中大'农学院和'川大'农学院等，我们在华北要办什么样的农学院。他在'金大'办农学院的经验丰富，对我提出的问题及人员的招聘途径无保留地有问必答！而当时他也正在忙于筹备与清华相'抗衡'的北京大学新农学院！在多方协助下，特别是在其他农业院校和当时中央农业研究所及在生物学界工作的'老清华'同学们的建议和具体帮助下，我在1946年底到1947年秋，在离清华'校本部'（清华园）不远，美丽而壮观的颐和园对面的升平署，建立了下面这个生机勃勃、年富力强的基本核心队伍。"

经过一年的筹备，清华大学农学院于 1947 年夏招收第一批本科学生。1948 年招收第二批本科生。1949 年 9 月，清华大学农学院与北京大学农学院、华北大学农学院合并为北京农业大学。

关于清华大学农学院的学科建设，汤佩松说："将原来清华农业研究所的三个研究组（室）改为三个'系'，同时仍保留其研究室（所）的非明文的结构和任务。即是说，这三个单位既是新农学院的三个教学单位（系），又是进行研究工作的三个室（即美国的'Laboratory'或德国的'Institute'）。在这三个'老'系的基础上，通过亲自拜访或经'老朋友'的推荐，精心选聘了为将来成立其他农业科学单位（系、研究室、农场）的带头人。在人员及其他物质条件尚未发展齐全时暂将这几个'新苗'汇集在一个临时单位，统称为'农学系'。到 1949 年底前，这个'综合性'系的成员有：许振英，我的清华 1925 级同班，康奈尔大学畜牧系博士，已在国内农学院从事这方面工作及教学多年，由他（因年资较高）暂任系主任。沈隽，由俞大绂介绍的金陵农学院毕业生，美国康奈尔大学园艺系博士，毕业回国。李竞雄，由我的老清华 1924 级同学李先闻推荐的'中大'农学院他的高材生，回平前已在美国做当时风靡一时的'杂交玉米'工作。叶和才，由大绂介绍的留英学习土壤物理学的'金大'毕业生。此外尚有梅贻琦校长介绍来的燕京大学农业经济系任教过的韩德章。"

从汤佩松所说不难看到，汤佩松将农学系称为"一个临时单位"。也就是说，他的目标不是将农学院所属的教学与科研单位——系建成一个农学系，而是如他所说"我计划的农学院学生在头一年完全上理学院文理课，特别是生物学、化学、物理学和数学课，第二年方到农学院本部上专业基础课（植物生理学、农业化学、生物化学、植物病理学、昆虫学和农业经济学等）。"

"原来的农业研究所的三个组，改名后报教育部，它们分别为：植物病理学系，仍由戴芳澜主持……昆虫系，也仍由原来的刘崇乐主持……我的植物生理组则奉教育部令改为农业化学系。"

2. 汤佩松的培养目标是什么?

汤佩松的目标与设想，不但从新聘的人员结构中可以看出，而且还可以从对学生在头两年的学习课程的安排和要求中看出。汤佩松说："当时我们是让学生在第一年全部在大学本科中学习数、理、化、生物及'文科'选课，而从第二年开始学习'农业基础学科'（植物、昆虫、生化、有机化学和农业经济等）。""所培养出来的学生的任务有三：第一，是能担当其他一般（当时已有的各农业院校）学校教学的人才；第二，是能进行生物科学（特别与农业和实验生物学有关的）深入研究人才。着重和医学以及其他实验生物学间的互相渗透。我的立意很清楚，它是一个进行微生物学、昆虫学、生物化学和普通生理学等学科研究工作和人才培养基地。可惜由于当时生物系已有遗传学大师陈桢在任，我犹豫了一下，结果我打算邀请的在英国留学的遗传学新秀吴仲贤被大绂先我将他聘请到北大农学院去了。第三，是到各级农业研究机构从事实际业务工作（如医学院毕业生在医院或私人诊所具体行医）。"他还说："我原来的'远景规划'是学生在我这个新型的农学院中学习四年毕业后，最好能再进行一到三年的研究生学习。或在某一专门学科如生物化学、微生物学等方面培养成专科研究人员；或在农业专门技术领域如兽医、作物和园艺等学科中成为高级专家。"

汤佩松认为，清华大学农学院与其他农学院不同，应以造就农业科学研究人才为主旨。概括起来说，清华大学农学院培养的学生任务有三：一能从事农业院校教学的人才；二能进行生物科学深入研究的人才；三能胜任农业研究机构工作的人才。

汤佩松为了实现目标，除对学生的学习有具体的安排，还对师生人数的比例有具体的设想：第一年，正、副教授与学生人数的比例为 1∶1 或 1∶2.5；到第四年，这个比例为 1∶5。

汤佩松坚持招生要质量第一，宁缺毋滥。为此，清华大学农学院录取新生非常严格。如 1947 年，首次招生，录取本科新生 12 名，当年报考者达 500 人；1948 年，录取 9 名，报考者 409 人。两年共录取研究生 2 人。

汤佩松执掌清华大学农学院期间，办学思想、办学理念颇为前瞻、远大。其长远目标、指导思想和具体设想，为学界同仁提供了借鉴与启迪，在我国农业教育中独树一帜。他追求的目标显然力图使清华大学农学院鹤立鸡群。只可惜，随着清华大学农学院并入北京农业大学，其理想未能实现。

然而，在北京农业大学组建初期，汤佩松仍执著地坚持他的办学思想、办学理念。在北京农业大学应办成什么样的大学问题上，仍然力促贯彻他的主张。1950 年初，他以校务委员会副主任委员身份，起草过一份北京农业大学办学方案（草案），强调北京农业大学应普及与提高、教学与研究、本科教育与研究院（生）教育并重，作为办学方向。遗憾的是，他的主张未被当时学校主要负责人采纳。

令人欣慰的是，汤佩松的办学思想与办学理念，并没有全被埋没。北京农业大学乃至今日的中国农业大学应当办成什么样的大学，这个问题，一直是农大人关注、思考、议论与探究的问题。因而，将中国农业大学一定要办成国家最高水平的、世界一流的高等农业学府已成为农大人的共识并为之共同奋斗的目标，汤佩松的办学思想与办学理念成为农大人极其珍贵的精神财富。

（刘建平　文）

参考文献

[1] 汤佩松 . 为接朝霞顾夕阳——一个生理学科学家的回忆录 [M]. 北京：科学出版社，1988.

[2] 汤佩松论文选集编委会 . 汤佩松论文选集 [C]. 北京：中国世界语出版社，1993.

[3] 刘建平，苏雅澄，王玉斌 . 不曾忘却——中国农业大学先贤风范 [M]. 北京：中国农业大学出版社，2015.

[4] 中国农业大学百年校庆丛书编委会 . 中国农业大学百年校庆丛书——百年人物 [M]. 北京：中国农业大学出版社，2005.

[5] 中国农业百科全书编辑委员会生物学卷编辑委员会 . 中国农业百科全书・生物学卷 [M]. 北京：农业出版社，1991.

[6] 中国科学技术协会 . 中国科学技术专家传略（理学编・生物学卷 1）[M]. 北京：中国科学技术出版社，1996.

乐天宇：教育、研究与生产结合的“三位一体”

乐天宇

乐天宇既是一位很特殊的革命家，也是一位很特殊的科学家与教育家。说他是很特殊的教育家，是因为他一直主张的“三位一体”的办学思想。

1.“三位一体”办学思想的由来

1945年11月，中国共产党在晋冀鲁豫边区成立了“以培养为人民服务，从事和平建国之各种专业人才为宗旨”的北方大学（始称新华大学），校长为历史学家范文澜。1946年，乐天宇奉命来到晋冀鲁豫边区，负责筹建北方大学农学院。1947年3月，在延安自然科学院（1943年并入延安大学）农业系的基础上，成立了北方大学农学院，乐天宇为院长，院址设在山西省长治市。

1948年7月，北方大学与华北联合大学合并，成立华北大学，校长为无产阶级革命家、教育家、“延安五老”[①]之一的吴玉章，两位边区大学校长——范文澜和成仿吾（无产阶级革命家、教育家、文学家、翻译家、社会科学家，曾任陕北公学校长和华北联合大学校长）为副校长。

11月，北方大学农学院更名为华北大学农学院，乐天宇继续担任院长，院址由长治迁至河北省石家庄市。

从北方大学农学院到华北大学农学院，乐天宇将人民教育家徐特立先生在延安自然科学院时提出的教育、科研与经济“三位一体”的教育思想应用到农学院的办学上，提出了教育、研究、生产“三位一体”的办学方针，形成了颇具特色的教育体制、教育制度和教育方法。

关于农学院的办学宗旨和教育方针，是这样规定的：“为了争取爱国自卫战争胜利早日来到，开展农村大生产运动，以保证战争人力物力的资源，农学院就是配合着这个宗旨成立的。”“是为战争为人民服务的。”“是以改造旧知识分子、农村旧技术人员和培养农村新知识分子为宗旨的。”“是以生产、教育、研究‘三位一体’的方针来进行教育工作的。”

因此，北方大学农学院为解放战争服务、为人民服务，成为农学院最重要使命。所以，最初农学院设立了畜牧兽医系和糖业系。为了解决面临的实际问题，农学院首先从培养兽医技术人员和糖业技术人员入手（当时称这种方式为“重点工作方式”）。

2.“三位一体”办学思想的实施

为了便于开展工作，农学院先后在山西省、河北省、河南省建立了农业技术推广教育工作站和兽医工作站10余个，并举办各种短训班，收到了良好的效果。

---

① 指董必武、林伯渠、徐特立、吴玉章、谢觉哉。

关于设立北方大学农学院兽医工作站的做法，美国出版的刊物（A.M.Klide etal：*Veterinary Acupuncture*，P.285，1977）曾有这样的评价："在1947年3月建立了北方大学农学院，该院兽医部门（Section）曾专门进行了发展中兽医的工作，这是现代中兽医学在中国的开端。"1984年养贤堂出版的日本笹崎龙雄所著的《中国的畜牧》一书中也评论道："1947年解放区建立了北方大学农学院，朱德总司令指示该农学院要学习和研究中兽医学术。学校当时曾聘请高国景、阎占川、李恩祥等十几位有名的中兽医到校任教，中兽医被列入大学正式课程。农学院还成立了教学、生产、科学研究三结合的兽医院。中西兽医相互协作，共同研究提高。还采集中草药（汉药）达三百多种，对解放区和支援解放战争作出了很大贡献。"

为了进一步贯彻"三位一体"的教育方针，农学院在扩大教育工作站、实验地和兽医院的同时，还建立了兽药厂、制糖厂、农机厂等工厂。

北方大学农学院在群众中推广农业科学技术的做法，深受当时晋冀鲁豫边区人民的欢迎和晋冀鲁豫边区政府的称赞。

农学院在从事上述工作的同时，没有放松科学探究。1947年春，农业研究室建立起来。研究人员和研究生有20余人，其中既有大学教授，也有经验丰富的技术专家，还有具有大学水平的农业技术干部。同时，吸收了农耕经验丰富的农民和有经验的民间兽医。

由于北方大学和华北大学皆处于战争年代，因办学环境和条件的原因，北方大学农学院和华北大学农学院是相对独立的，其办学宗旨和教育方针、办学体制与教育方法都具有自己的特色。例如，在设置方面，从最初的两个系发展到后来（1948年底）的5个系——农艺系（种子鉴定和特种作物培育为重点工作）、经济植物系（森林工作和出产药材为重点工作）、畜牧兽医系（培养兽医技术人员为重点工作）、农业化学系（制糖及其副产品制造为重点工作）、农业机械系（普及新农具知识、提升旧农具功能为重点工作），1个室（农业生物科学研究室），4个科（1个预科和糖业、兽医、森林3个专修科），1个站（教育工作站），1个分校（长治分校）。1949年中华人民共和国成立前夕，已发展成10个系（农艺系、园艺系、昆虫系、植病系、土壤系、农化系、森林系、畜牧系、兽医系、农机系）。

无论是北方大学农学院，还是华北大学农学院，在办学过程中都十分重视实践教学和为农业生产服务、为农民服务。为改造旧的农业教育模式，探索新的农业教育方式，摸索出别具一格的教育模式及实践经验。乐天宇在这方面的贡献，是值得称赞的。

3."三位一体"办学思想的延续

"三位一体"不仅作为教育方法而且作为教育方针，在北京大学农学院、华北大学农学院一直延续下来。

1948年9月30日，华北大学农学院院办主任徐纬英在一次讲话中明确指出："我们的教育方针是生产、研究、教育三位一体的。"在解放区的华北大学农学院，教育宗旨是为解放战争服务，为边区的农业生产服务。为解决解放区急切需要解决的问题，以解决生产问题为中心，密切结合生产任务进行教学和研究工作。这方面，华北大学农学院作出了很大的贡献，积累了宝贵的办学经验。新中国建立后，华北大学农学院并入北京农业大学。作为北京农业大学主要负责人，乐天宇提出的办学思路仍坚持其办华北大学农学院时的构想。他说："我们北京农业大学是采取理论实际一致的新教育方针，用生产、教育、研究‘三位一体’的方法实践这个方针。”（1950年6月《农大生活》发刊词）同一时期在其他场合，他毫不含糊地明确北京农业大学实施的是“生产、教育、研究三位一体的新教育方针”(《农耕学习班》介绍，班主任梁正兰）。1950年7月15日，《北京农业大学概况》说：北京农业大学的办学目标是“为了实现‘教育、生产、研究三位一体’的一个新型农业大学”。从1950年起举办的农耕学习班，正是“三位一体”论的重要实践。

4.“三位一体”办学思想的异议

北京农业大学建立之初，对于办学方针问题就存在不同看法。1950年初，乐天宇在《农业大学暂行组织大纲》中提出了一个坚持“三位一体”的办学方针；几乎同时，汤佩松也提出一个北京农业大学办学方案（草案），强调北京农业大学应普及与提高、教学与研究、本科教育与研究院（生）教育并重，作为办学方向。后来执行的是乐天宇提出的“三位一体”的方针。

“农大风波”发生后，中央派调查组全面调查北京农业大学工作。1951年3月，教育部党组在给中央文委的报告里特别提出北京农业大学办学方针的问题。报告说：“生产、教育、研究‘三位一体’是农大过去所宣布的新教育方针，但这个方针不比共同纲领的文教政策和高教会所强调的方针更具体化，又不比‘理论与实际一致’更明确。相反地却发生了单纯强调生产的狭隘实用主义的偏向。”“新教育方针常为农大师生所提及，并且拿它为农大的主要特征。但具体内容是什么，则不够明确，又意见不一致。”“我们认为有重新确定农大教育方针和任务的必要。”

北京农业大学的教育方针到底应该是什么？在这份教育报告上，胡乔木曾有个批示。批示写道：“这次调查在这一方面没有解决问题，没有提出真正具体的积极意见，仍显空泛，不具体，须另行讨论，邀农业部一道解决。”后来，并没有真正解决，不了了之。但“三位一体”的方针不再提了。

（刘建平　文）

参考文献

[1] 刘建平，苏雅澄，王玉斌．不曾忘却——中国农业大学先贤风范［M］．北京：中国农业大学出版社，2015.

[2] 中国农业大学百年校庆丛书编委会．中国农业大学百年校庆丛书——百年人物[M].北京：中国农业大学出版社，2005.

[3] 曾松亭．毛泽东的九嶷山友人乐天宇［M］．北京：东方出版社，2005.

[4] 中国人民政治协商会议宁远县委员会．乐天宇教授晚年［M］．宁远，1975（内部资料）.

三

精神探索

大学精神是大学在长期的发展过程中所形成的约束大学行为的价值和规范体系，以及体现这种价值和规范体系的独特气质。它是大学存在和延续的价值所在，是大学在社会构成中保证自身地位的根本生命力。

中国农业大学有着百十余年的历史，在中国近代高等农业教育发展史上占有重要地位，它的办学过程是中国近代高等农业教育发展的缩影。中国农业大学的精神即“农大精神”，是经过一代又一代农大人不懈的努力，长时期积淀而成的稳定的、厚重的追求、理想和信念，它是农大人生命力的源泉，是农大文化的精髓和核心所在，是对农大学子的生存起决定性作用的思想导向。

大学精神是承前启后的纽带、精髓，是大学持续发展的动力，维系着大学未来的命运。本期我们通过两篇文章，帮助读者了解两位校领导对农大精神的诠释和解读，希望有越来越多的农大人，能够重视对学校精神的凝炼，能有志于研究、探索、挖掘、弘扬、传承、丰富“农大精神”，齐心协力，推动农大的治校治学不断走向成熟。

大学精神与中国农业大学精神述略[①]

1. 大学精神　大学之魂

大学要有大学精神。北大有北大精神，清华有清华精神，中国农大有农大精神。

大学精神是大学之魂。是人们看不见但却感觉得到的大学形象，是大学文化的升华。大学精神是金、是财富；是取之不尽、用之不竭的精神财富，又是能创造巨大物质财富的源泉。大学精神是客观存在，不是虚构的。

大学精神是长期历史的积累形成的，是无数人们在长期办学实践中创造出来的。伟大的大学精神来自实践。大学精神需要挖掘、发现、认识，由不自觉到自觉认知其存在与价值，从历史的长河中去挖掘发现。大学精神既然是金，就需要有个淘金过程。人们常常忽视或淡忘了过去已经发生的一切，对过去的不屑一顾，不重视对过去历史的研究。

大学精神可能是已经普遍存在，也可能仅存在于个别现象之中，也许只发生在某件事，某个人身上。

大学精神是精华，不是糟粕，大学精神代表着先进文化、先进思想，代表着前进方向。有的"精神"只能是历史丑恶的代名词，是糟粕，例如，"文革"中的所谓"造反精神"。

大学精神是需要扶植、爱护、弘扬的。树大学精神是一项精神文明建设工程。搞这样的工程，远比楼堂馆所的形象工程重要得多，意义大得多，但困难更多。一所大学精神的形象工程越高大越亮丽越好，使大学精神成为学校的一种主流优势，成为传统，成为学风与校风主导因素，成为一所大学的标志。

树大学精神，树大学永远的丰碑。

2. 中国农业大学精神面面观

具有百年历史的中国农业大学，在中国近代高等农业教育发展史上占有重要地位，它的创办与发展是中国近代高等农业教育发展的缩影。

农大百年，跨越了清末——民国——新中国几个不同的时代。

厚重的文化积淀，丰富的办学经验，可歌可泣的革命事迹，风口浪尖上的奋力拼搏，辉煌中的昂首阔步，坎坷中的步履维艰……，绘就了一幅幅生动的、丰富多彩的、惊心动魄的历史画卷。一所原本规模不大、普通的农科大学，竟有那么多的经历，发生过那么多的动人事迹，有过那么多轰动教育界，乃至全国的重大事件，给历史留下了那么多痕迹，在高等学校中并不多见。于是，本人萌生对这所大学的历史进行深入研究、发掘、抢救其历史遗产的想法。

从百年历史中发现有几根精神支柱支撑着、推动着这所学校向前发展。这个问题上，本人作了

---

① 本文为作者于2007年5月应邀参加在中山大学召开的第二次中国大学文化百年研究学术研讨会时的发言稿，后经整理收录于会议论文集中。

一点探讨，乃一己之见，旨在抛砖引玉，引起更多人关注与探讨。

（1）中国农大勇于探索的精神

中国农大走过了百年历程，京师大学堂农科大学的创办，开我国近代高等农业教育的先河，它的创办是清末一批有识之士对国家一重要贡献。京师大学堂农科大学诞生是维新变法仅存硕果、是幸运儿。在非常困难条件下诞生，一切从无到有，由小到大，由弱到强，它的发展见证了我国高等农业教育发展的全过程。

从照搬日本教育模式（清末），到效法美欧教育模式（民国初期以后），到新中国建立后的学习苏联教育模式，再到探求走自己的路，即中国模式。农大几代人矢志不渝、义无反顾，向着一个目标奋力前进。情系“三农”，百年探索；以“解民生之多艰，育天下之英才”为己任，走过了艰辛而曲折的百年探索之路。

在这条路上探索的不只从京师大学堂农科大学一路走来，还从清华学校农科到清华农学院一路走来，还从延安自然科学院生物系到华大农学院一路走来，三支队伍各自探索各自的办学之路，最终汇合于北京农业大学以及中国农业大学。

中华人民共和国前的农大是经历了农科大学以来四十四年的探索史，清华学校农科以来的二十八年的探索史，延安自然科学院生物系以来的九年探索史，以及辅仁大学农学系以来的三年探索史。这样，建国前的农大已有四家八十四个春秋的探索实践了，摸索出丰富的办农业教育的经验，为新中国建立后如何办好农业大学提供了宝贵的借鉴与基础。

中华人民共和国后的农大，仍继续走着一条艰难的曲折发展，不断探索前进的道路。北京农大的四十六年探索，北京农工大四十三年的探索，加上并校以来中国农大二十余年的探索，至今已经有上百年的探索史了。探索中既有成功的经验，也有失败的教训，但不管成功与失败，都是农大人经历几代人的努力，付出了很大代价取得的并已构成农大历史上积累下来的宝贵财富。

（2）中国农大兼容精神

1949 年 9 月，中华人民共和国成立前夕，中央决定将三所著名大学的农学院——北京大学农学院，清华大学农学院和从解放区来京的华北大学农学院合并成立北京农业大学，是新中国第一所综合性的农科大学，三个农学院整建制地汇合于一体，注入了新的活力，形成了新的巨大优势。

集三所大学农学院教育理念、办学经验与优良传统作风于一身，集北大、清华、华北三所大学农学院教育经验，可以认为是集我国近代高等农业教育经验之大成。从京师大学堂到北大农学院四十四年所创造的勇于探索，勇于拼搏，情系“三农”，为国育才的优良传统；从清华学校到清华大学农学院二十八年创造的严谨治学、为国储才，追求高精尖的独特办学理念；从延安的自然科学院生物系到华北大学农学院九年所创造的实施教育、科研与生产密切结合“三位一体”的办学理念，为革命战争服务，为当前农业生产服务，急革命战争与农业生产、民生之所需办教育的经验。

三个农学院，三种不同的办学经历、办学理念，对于中华人民共和国成立后的农大的发展有重大的影响，北京农大是这些所有优良传统与经验的继承者，从建国以来五十多年的发展已经证明了这一点。

中国农大是集三所农学院济济人才于一体，颇具雄厚实力教师阵容的一所农科大学。中华人民共和国成立初期的农大教师队伍中有一批从国外留学归来的饱学之士，在教授、副教授中从美、英、日等回国执教者占56%，其中在国外获博士学位者占64%。这批教师中有10人先后当选为中国科学院院士，3人在1948年被选为中央研究院院士，10人被评为一级教授，11人为二级教授，7人为三级教授，这一状况，在全国高等院校中名列前茅。

这支教师队伍是农大赖以发展的最重要的因素，为农大的发展，为农业教育，农业科学事业的发展起了不可替代的作用。

（3）中国农大具有百折不挠、坚韧、拼搏和艰苦创业的精神

中国农大的发展史是一部经历非凡的历史，既有成就与辉煌，又有坎坷和挫折；既有丰富的经验，又有深刻的教训，走了一条崎岖的不平坦的发展道路。

百年办学路上，总是处在政治风浪的风口浪尖上，一路拼搏，经受了一次又一次的考验，战胜了重重艰难险阻，冲破一道道难关而又经久不衰。

百年史上，发生了许多轰动全国教育界的重大事件，新中国成立前有，新中国成立后也有。

中华人民共和国成立前，曾多次被命令改组、合并、撤销，有时到了难以为继的生死关头，这在旧社会不足为奇。

中华人民共和国成立以后的农大，曾发生过许多有重大影响的重要事件。

中华人民共和国成立初期的“农大事件”震惊教育界，不得不由毛主席、周总理出面解决。新中国成立后第一个被撤职的高校第一把手就发生在农大。

长达8年之久的波及全国教育界、生物学界的米丘林遗传学与摩尔根遗传学之论战，其主战场就在北京农大。

1958年，毛主席下令北京农大等农业院校下放农村劳动。康生视察北京农大、北农机之后，向毛主席汇报称，北京农大是全国高校中最落后的学校之一。毛主席听后立即下令，农大、农机要下放农村劳动锻炼一年。康生的农大落后论、农大无用论、农业教育无用论成为农大下放的起因，这是“大跃进”浮夸风误导的一次决策失误，其始作俑者是康生。

“文化大革命”中，北京农大一度宣布为撤销单位，把一切校产、土地、试验地统统移交出去，后又说不撤销，但已无立锥之地，强令农大迁徙到陕北的一个荒山野岭，一去3年，把农大逼上了绝境，到了崩溃的边缘，损失惨重。最后是周总理批准迁回涿县，力挽危局。

在涿县6年，遭遇“四人帮”疯狂迫害、干扰，被迫流亡河北农村，农大是“文革”中的重灾户。

农大成为“四人帮”推行“朝农经验”的反面典型，在朝阳现场会上开展了一场针锋相对的斗争。

邓小平同志高瞻远瞩，批准迁回北京原址办学，从此走上了改革开放，稳步发展的道路。回忆中华人民共和国成立后的30年的农大，在风口浪尖上的奋力拼搏，既惊心动魄，又感慨万千。

“文化大革命”严峻的政治环境中，农大人并未屈服，并未为困难吓倒。全校师生员工团结奋斗，渡过了难关。“文革”是对农大精神的一次大考验，一次检阅，一切丑恶的东西暴露无遗，一切优秀的东西也充分显现，农大精神更显光辉。

“文革”造就了一个“抗棍棒”精神，这里不妨多说几句。

“四人帮”垮台后，1977年11月19日，《人民日报》曾刊登新华社记者长篇通讯，题为《抗棍棒的种子》，说的是“四人帮”在保定、涿县的地方势力煽动农民哄抢农大农场的恶性事件。这次哄抢，使农大小麦育种试验田惨遭破坏，几十年科研成果毁于一旦，600多个小麦品种材料遭毁。

教师们痛心疾首，育种专家蔡旭教授带领全组工作人员冒风险、顶压力，把残留的麦苗一棵棵从土里扒出来，继续他们的育种工作。文章称这样育出的小麦种子堪称“抗棍棒的种子”。

蔡旭教授是著名的小麦育种家、教育家，中科院院士。半个多世纪以来，他育成的小麦品种在北京、华北、东北等地广泛种植，对小麦生产有很大贡献。他的治学精神是全校教师、学生的榜样。

蔡旭精神是农大精神的突出代表。他埋头苦干、百折不挠、艰苦奋斗，以及严谨科学的治学与科研的态度都是人们的典范。

“抗棍棒精神”是蔡旭教授半个多世纪来的一贯的非常可贵的精神。

中华人民共和国成立之初的农大曾经是米丘林学说的一统天下，蔡旭的小麦育种工作在米丘林学说的压抑包围之中艰难地进行着，动辄就有反米丘林学说、资产阶级学术观点等大帽子扣在他头上。有一次外国专家想参观他的育种试验田，却遭到系某一位负责人的阻拦，理由是蔡旭的育种工作是以摩尔根学说为指导，不符合米丘林学说原理，因此不准参观。

1958 年，“大跃进”年代，批判他走的是不问政治，只专不红的“小麦挂帅”的路线。当年有人画了一幅漫画，蔡旭头上戴了一顶“小麦元帅”的高帽子，以示讥讽。蔡旭见了，一笑了之，批判会后继续他的育种试验。

1958 年秋，蔡旭下放河南遂平县参加农业生产劳动，陈伯达曾来这里。陈伯达曾与蔡旭有过谈话，陈伯达将他的军，要他搞一块实验田和农民竞赛，意思是说，蔡旭是不可能胜出的。在浮夸风盛行之时，蔡旭根本不相信那里放的高产“卫星”，不屑一顾，不理陈伯达那一套，后来为此事蔡旭曾被批判保守。

“文化大革命”中，蔡旭顶着“反动学术权威”的帽子，开过批斗会，仍旧下地观察、记录，做他的育种试验。

1969 年，农大奉命迁陕北，蔡旭带上几百个小麦品种和原始材料，到距新校址几百里之外的洛川、绥德、延安等地寻找育种试验地，在一小块一小块的陕北黄土高原上艰难地继续他的育种工作。

1973 年，学校迁回河北涿县之后，在育种工作又遇空前的劫难，在大规模的哄抢事件中，育种田、育种材料几乎全军覆没。

蔡旭精神，正如《人民日报》在为《抗棍棒的种子》文章所加的编者按语中所说，蔡旭教授等小麦育种工作者们“在四人帮的巨大压力下，腿不软，腰不弯，顽强斗争，为社会主义祖国作出贡献。”这种精神就是“抗棍棒”的精神。

蔡旭精神，是农大精神的一面旗帜。在他这种精神的巨大鼓舞下，一批批蔡旭式的科学家、教育家、技术工作者涌现出来，在祖国大地上处处生根、发芽、开花、结实。

蔡旭式的人物在中国农大岂止一二，在老一代和中青年一代都有能体现农大精神，为众人所景仰的代表性人物。

（4）崇尚踏实、求实、朴实、严谨的科学精神

粉碎“四人帮”之后，《北京日报》于 1979 年 12 月 27 日刊登了一长篇通讯，题目是《这一仗，靠科学打赢了——记北京农业大学教师治理盐碱地的事迹》。《北京日报》为此发表一篇评论员文章，

即《要重视科学，重视知识分子》。两篇文章登在头版，占了一整版。

文章与通讯，高度赞扬了北京农大教师在河北曲周县十分艰苦条件下，埋头苦干，以科学的态度和科学的方法，治理河北平原盐碱不毛之地，改变了生产面貌，取得历史性胜利重大成果的动人事迹。

“这一仗，靠科学打赢了”的评价生动而贴切。以河北曲周为基地创造的奇迹是科学的胜利，国务院曾给予这项重大科学成果极高的评价，予以特殊的表彰、嘉奖，并授予特等奖。这种奖赏，既是对科研成果的奖赏，也是对这一成果中体现的精神的褒奖与肯定，这种精神发源于战斗在曲周的农大人，姑且名为曲周精神吧！蔡旭精神、曲周精神，已经成为农大精神的象征与标志。

（5）爱国革命精神

中国农大具有悠久的爱国主义和革命的传统。爱国主义和革命精神源远流长。

从“五四”运动起，农大师生就积极投身于革命运动中。农大是“五四”运动13所首先参加“五四”运动的单位之一，从此以后，在历次革命运动中始终站在斗争的前列。

“五四”运动中，创办《醒农》刊物，提出“促农民之觉悟，谋农业之改进”的口号。

在李大钊、邓中夏的亲自指导下，1921年由杨开智、乐天宇等首先把马克思主义学说传播到农大，并组织社会主义研究小组，1922年建立农大青年团支部，1924建立农大第一个共产党支部，是北京高校中最早建有中共支部之一。党团组织的建立，在开展学生运动、农民运动中成为一支坚强的革命堡垒。在革命高潮年代，农大中共党员数量很大，最多时全校四分之一的学生参加了共产党。为革命输送了一批骨干到南方以及全国各地参加革命。在大革命、抗日战争中以及解放战争中，有15位烈士为祖国献出宝贵生命。

农大无数先驱先烈在革命战争年代作出很大贡献与牺牲，为祖国，为人民，为民族的奉献精神是农大的最可宝贵的精神与传统。

发扬革命传统，宏扬爱国主义与革命精神是我校校园文化建设、精神文明建设的重要内容。

很羡慕北大、清华、师大等学校重视革命传统的继承与发扬。农大在这方面也作了不少工作。在校史、党史展览中都着力对革命传统加以宣传，反响是很好的。目前正在编写《农大英烈》，还有不少工作有待加强。增加校园文化中厚重的历史文化气氛十分必要，曾建议恢复重建历史上曾有过的勿忘国耻纪念碑（被日本侵略军占领时所毁），“三一八”烈士纪念碑（农大三一八惨案中的林孔唐烈士）。相信会逐渐建立起来的。

（6）民主、团结、和谐的精神

农大是一个团结的社会群体，百年历史铸造了农大成为一个团结的集体，靠团结克服了前进道路上的任何艰难险阻，经受住了重重严峻的考验。

中华人民共和国成立前的三支队伍是三支团结的集体，经受了战乱年月的考验，保留住并为新中国贡献了三支优秀的队伍，是非常可贵的。

中华人民共和国成立后，三支队伍汇合创立的北京农业大学，是一支更加团结牢固的集体，把三个大学农学院整建制合并起来，教育理念、办学方针、传统作风各异的三支队伍并在一起，这本身就是一重大的挑战。

但在经过短暂的阵痛（“农大事件”发生）之后，来自五湖四海的师生员工真正团结成为一个和谐一致、同舟共济，为共创农大的辉煌而奋斗的新农大集体，这是多个不同传统的大学合并的成功范例。

从20世纪50年代起到“文化大革命”，以及改革开放以来，半个世纪历史的实践考验了农大人的团结精神，顾大局，识大体，齐心协力，显示了很强的凝聚力。

“文革”是农大精神的一次大考验、总检阅。“文革”十年，充分显示了这种团结一致的精神，维护了全校的团结，没有出现明显的分裂与内耗，足以战胜分裂势力的破坏、干扰，战胜在搬迁中的重重困难，战胜了“四人帮”的破坏和迫害，团结一致的呼声与行动，赢得了社会的广泛同情、支持，迎来了中央关怀下的新生，没有全校的团结一致，农大历史也许会被改写。

农大的团结是怎么来的，原因是多方面的，但其中一个重要因素是“民主办学”。五十年代所奠定的一个好的基础是十分重要的，1949—1950年的“农大事件”之所以发生，重要原因之一就是缺乏民主办学作风，导致不能团结全校师生员工共同奋斗。孙晓村、施平来校后，改变了作风，扭转了危局，为学校的民主办学打下一个好的基础，学校团结、和谐，欣欣向荣。孙晓村、施平是深受师生员工爱戴的历届校领导人之一。他们也热爱农大和农大师生员工。孙晓村离世后，人们遵其遗愿，将其骨灰留在了农大校园。施平在离开农大后，依旧关心农大师生，在耄耋之年，曾专程4次从上海回母校参加校庆，探望师生员工，第4次已是九十五高龄了，更令人感动的是，他多次造访曾因政治运动而误伤的一些同志，登门道歉，在师生中产生了深远的影响。

在百年农大发展史上，铸造农大精神的先驱们，为农大树立起一座座永远的丰碑，精神永续，光芒永照。

（王步峥　江树人　文）

（王步峥：原北京农业大学党委副书记兼纪委书记；江树人：原中国农业大学校长）

“曲周精神”是一种什么样的精神

在全国上下深入开展“不忘初心、牢记使命”主题教育和“辉煌七十年　奋进新时代”宣传活动中，中国农业大学扎根河北曲周46年服务乡村振兴的感人故事，深刻展示了几代农大人爱国奋斗、科学报国的精神和情怀。

1.“曲周精神”是农大百年红色基因的继承发扬

农大在曲周的46年，是在党的领导下，一辈辈农大人坚定理想信念，致力于科学报国百年历史的缩影。曲周精神不是无源之水，而是农大百年精神积淀的突出表现，有着深厚的历史渊源。

（1）“曲周精神”源头始于“五四精神”和“红船精神”。早在1919年五四爱国运动前后，农大学子就积极响应李大钊同志号召，组织农林讲演团深入农村开展宣讲，坚定地走在五四运动前列，创办《醒农》刊物、“农业革新社”和农民夜校，并于1921年成立社会主义研究小组，1924年成立党支部，“五四精神”“红船精神”在农大落地生根，成为百年农大深厚的红色基因和精神传统的源头。在新民主主义革命时期，15位农大学子为革命壮烈牺牲。为国奋斗，已积淀成为农大精神的宝贵红色基因。

（2）“曲周精神”直接传承“延安精神”和“南泥湾精神”。农大第一任党支部书记乐天宇同志，20世纪40年代参与创办延安自然科学院生物系，广大师生多次实地考察，三下南泥湾，直接向中央提出开发南泥湾的建议，积极投身边区农场开发和农林牧业建设，成为“延安精神”“南泥湾精神”的实践者和传承者。在新中国成立之际，华北大学农学院、北大农学院、清华农学院等组建了新的人民的农大，乐天宇同志担任党总支书记。爱国奉献，成为农大精神的鲜亮底色。

（3）“曲周精神”深深植根“永久奋斗精神”和“创新精神”。新中国成立之初，戴芳澜、俞大绂等一批科研工作者身怀满腔报国之情，带领农大人开创“人民的农大”，掀开了崭新篇章。20世纪50年代，农大一批专家征战西藏、西北、东北等边疆农业资源考察，留下了感人肺腑的“永久奋斗精神”和“创新精神”。农大奋力向科学进军，既在传统优势学科的前沿领域实现重点突破，也在基础学科领域和原创性研究方面取得重大进展，还在京郊大地赢得小麦亩产翻番的光荣业绩。长期爱国奋斗、科学报国的精神传统已成为农大精神的重要内核。

2.“曲周精神”是农大师生积累的宝贵精神财富

几代农大人与河北曲周县基层党员干部和广大农民群众，在46年的艰苦创业中积累起了具有丰富时代内涵的宝贵精神财富。

（1）把责任扛在肩上、科学报国的爱国精神。“曲周精神”的核心是爱国精神，爱国之情、报国之志已融入“改土治碱　造福曲周”，融入整个农业农村现代化的伟大奋斗之中，融入农大人的血脉，从曲周走向黄淮海、走向石羊河、走向黑土地，走向全国各地建设200多个野外场站、教授工作站和“科技小院”。

（2）把接力棒抓在手中、攻坚克难的奋斗精神。从大革命时期的农民夜校、抗战烽烟中的南泥湾、新中国成立后京郊大地的“小麦会战”，到黄淮海平原盐碱综合治理，吨粮田、‘农大108’，直到脱贫攻坚、农业绿色发展和乡村振兴，一代代农大人始终把接力棒牢牢抓在手中，坚毅地跑好接力赛，稳稳地传好接力棒。

（3）把担当刻在心头、敢为人先的创新精神。农大人时刻牢记国家粮食安全的使命担当，在当下的“双一流”建设中，农大正面向解决农业重大问题和农业科技基础问题，不断提升自主创新能力和服务国家重大战略的能力，以创新型的成果为国家为人民做出更大贡献。

（4）把力量拧在一起、胸怀大局的协作精神。农大人在曲周的长期实践，不是一代人的奋斗，更不是一个单位的单打独斗，而是史无前例的数十年、成千上万人的科学会战，充分体现了把力量拧在一起、团结协作、集中力量办大事的社会主义制度优势，充分反映了我国农业科技工作者胸怀大局、团结协作的精神，始终激励着我们主动对接和服务国家战略，到主战场，作大贡献。

（5）把育人作为使命、扎根大地的务实精神。在曲周的农大师生秉承求真务实的科学态度，把论文写在大地上，把学问做进老百姓心坎里，走出了一条扎根中国大地办大学的发展道路。46 年来，先后从曲周农村走出了 3 位院士、70 多位教授，300 多个博士、硕士研究生和一大批高素质农业科技与管理人才，走出了一条扎根大地、立德树人的成功办学路子，鼓舞着新时代的我们继续前行。

（6）把初心融入生命、舍己为民的奉献精神。辛德惠是 20 世纪 50 年代留苏的“洋博士”，从 1973 年第一次蹚着秋涝积水来到曲周，到 1999 年不幸因病去世，数十年辛苦工作，积劳成疾。以辛德惠为代表的一辈辈农大人奋斗的精神底蕴，更是当下树立在农大师生心中的一座丰碑。

3.“曲周精神”是激励建设中国特色、农业特色世界一流大学的强大动力

要把学校真正建成有中国特色的、具有农业特色的一流大学，农大党委决心以“曲周精神”为激励，守初心、担使命，奋力谱写担当奋斗再出发的新的时代篇章。

（1）始终坚持鲜明的政治导向。“曲周精神”的灵魂是爱国报国，做到爱国和爱党、爱社会主义高度统一。我们要始终与国家命运和民族前途紧密相连，牢记党的宗旨，筑牢信仰之基，始终坚持党对学校工作的全面领导，牢牢把握社会主义办学方向，坚持用中国特色社会主义理论体系武装头脑、指导实践、推动工作，全面贯彻落实党的教育方针，坚持育人为本，德育为先，培养造就社会主义事业合格建设者和可靠接班人。

（2）始终坚持鲜明的使命意识。“曲周精神”是强化使命担当的最鲜活教材，激励我们始终坚持服务国家，扎根祖国大地。要把服务国家乡村振兴战略作为政治使命和重要任务，坚定在服务和支撑国家重大战略上做出一流贡献，着力提升大区域社会服务水平，进一步加强农业科技创新，坚决打好农业农村现代化发展、农村精准扶贫、乡村振兴、农民共同富裕的科技战役。

（3）始终坚持鲜明的办学特色。“曲周精神”深刻揭示了扎根中国大地办大学的规律，农大要始终把服务“三农”作为植根中华文化沃土、解决中国现实问题的立足点。要以农业科学、生命科学和农业工程等学科为特色和优势，着眼服务人类的营养与健康，开展高水平教学科研、社会服务和文化传承与创新。要为师生搭建服务国家战略、服务国计民生的实践平台，坚持从实践中来到实践中去的成长成才道路，使办学经得住实践检验。

（4）始终坚持鲜明的育人模式。“曲周精神”生动反映了为党育人、为国育才的初心。我们要深入贯彻落实全国教育大会精神，紧紧围绕凝聚人心、完善人格、开发人力、培育人才、造福人民的教育目标，致力于回归教育教学规律，全面提升学校立德树人的能力与水平。要以立德树人为根

本任务，把扎根中国大地、面向世界统一起来，落实“四个服务”，培养一代又一代拥护党的领导和社会主义制度、立志报效伟大祖国、服务农业农村现代化的有用人才。

（5）始终坚持鲜明的卓越追求。“曲周精神”是立地顶天、志在一流的不懈追求，我们要始终坚持一流目标，不断追求卓越，统筹推进“双一流”建设十大攻坚行动，高标准实施各项建设任务，严格对照一流标准，切实扎实推进一流学科建设、一流人才培养、创新能力提升、乡村振兴服务、国际合作交流等。

作为新时代农大人，我们要深入学习贯彻习近平新时代中国特色社会主义思想，高举中国特色社会主义伟大旗帜，以新的精神状态和奋斗姿态传承红色基因，积极弘扬“曲周精神”，以高质量的党建工作引领学校高质量发展，以高水平的思政工作凝聚师生力量，在新的征程上作出无愧于时代的贡献，谱写“中国梦”的农大篇章，以优异成绩迎接和庆祝新中国成立70周年。

（姜沛民　文）

（刊载于《光明日报》2019年8月6日第15版，姜沛民：中国农业大学党委书记）

四 西迁专题

國立西北聯合大學校歌

並序連黌，卌載燕都迥；
聯輝合耀，文化開秦隴。
漢江千里源嶓冢，天山萬仞自卑隆；
文理導愚蒙；
政法倡忠勇；
師資樹人表；
實業拯民窮；
健體明醫弱者雄。
勤樸公誠校訓崇。
華夏聲威，神州文物；
原從西北，化被東南；
努力發揚我四千年國族之雄風！

黎錦熙 民國二十七年秋

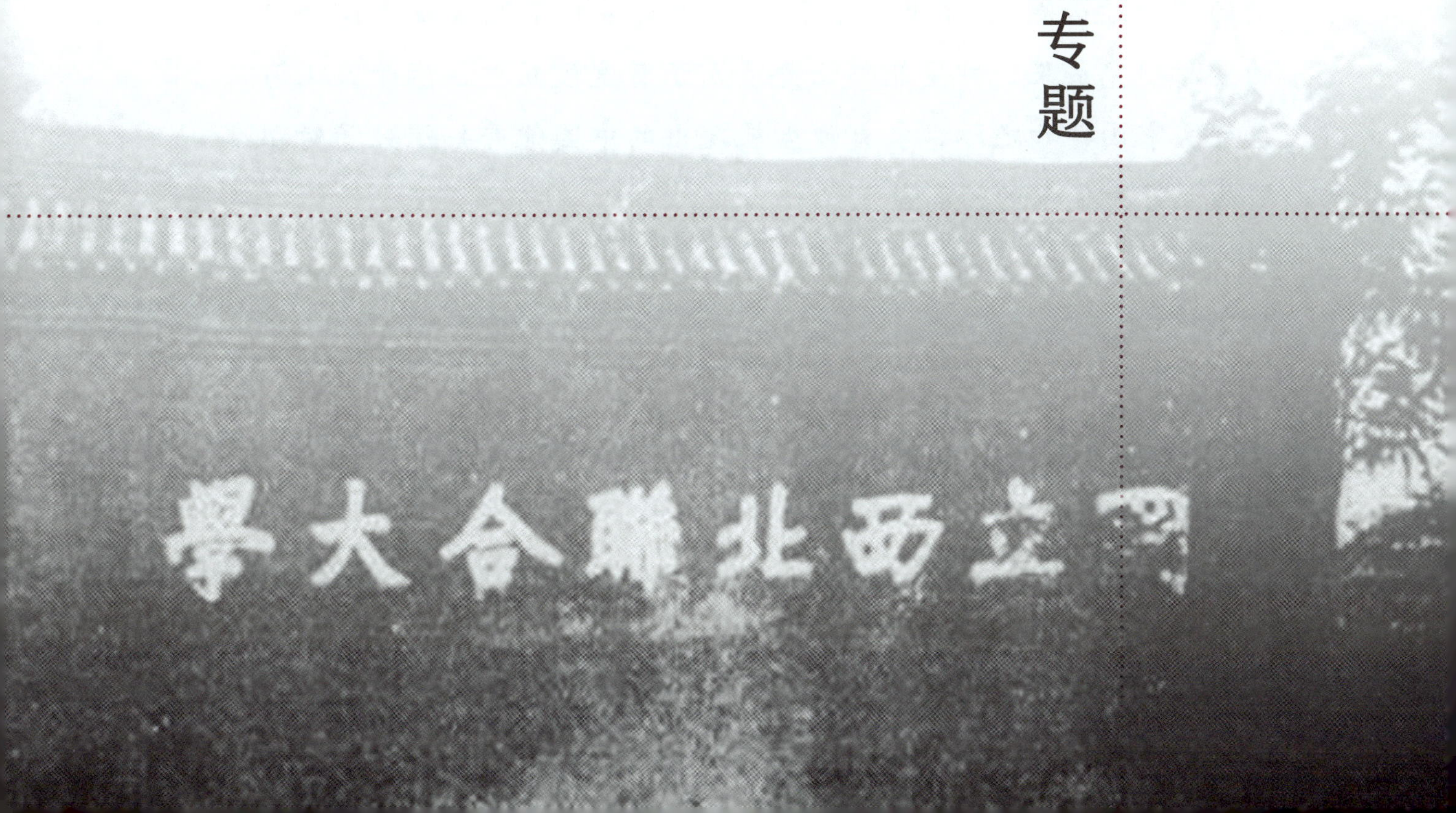

1937年抗战全面爆发后，日本将中国大学列为破坏目标，大学损失惨重。据统计，仅一年间，全国108所专科以上学校有91所受到日军破坏，其中25所破坏严重，被迫停办。

文化教育是民族命脉之所在。面对侵略威胁，南京国民政府决定将平津及东南沿海的高校内迁。以北京大学、清华大学、南开大学为基干，设立长沙临时大学，不久迁至云南，合组国立西南联合大学；以国立北平大学、北平师范大学、北洋工学院和北平研究院等院校为基干，设立西安临时大学，后迁至汉中，改为国立西北联合大学。

与西南联大的“南渡北归”不同，西北联大短暂合并后即重组为“国立西北五校”，最终“扎根西北”，在西北广袤土地上开枝散叶，书写中国西北高等教育的壮阔篇章。多少年来，当西南联大声誉隆起，西北联大则湮没在历史的尘埃中，鲜为人知。本期的“西迁专题”，带来了我们对北平大学农学院抗战西迁历史的最新研究成果，希望能够让更多人了解这段历史，感受在山河破碎、家国危亡之际，农大师生展现出的中国优秀知识分子对祖国西北开发使命的崇高自觉。

内迁西北　叶落武功

——抗日战争时期的北平大学农学院

1. 烽火岁月，学校内迁西北

1937年卢沟桥事变发生，抗日战争全面爆发。日本侵略切断了平汉和津浦两条南下的通路，北平守军宋哲元的二十九军不战而退，北平沦陷，城市一片混乱。

其实在七七事变前，北平大学已经感到华北面临威胁。北平大学农学院院长刘运筹于1935年12月30日到西安考察平大西安分校事宜。陕省欢迎拨地，但建筑校舍费用需自筹（图1）。

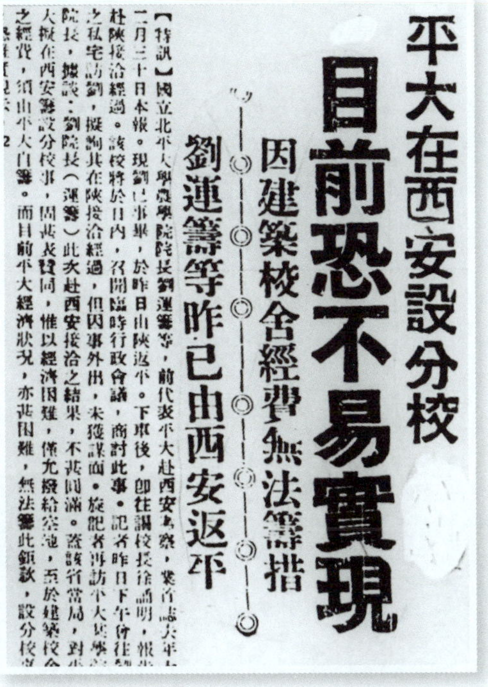

平大在西安設分校

目前恐不易實現

因建築校舍經費無法籌措

劉運籌等昨已由西安返平

【特訊】國立北平大學農學院院長劉運籌等，前代表平大赴西安考察，[illegible]二月三十日本報。現劉已事畢，於昨日由陝返平。下車後，即往謁校長徐誦明，報告赴陝接洽經過。該校將於日內，召開臨時行政會議，商討此事。記者昨日下午前往劉之私宅訪劉，擬詢其在陝接洽經過，但因事外出，未獲謀面。旋記者再訪平大某學院院長，據談：劉院長（運籌）此次赴西安接洽之結果，不甚圓滿。蓋該省當局，對平大擬在西安籌設分校事，固甚表贊同，惟以經濟困難，僅允撥給空地，至於建築校舍之經費，須由平大自籌。而目前平大經濟狀況，亦甚困難，無法籌此鉅款，設分校[illegible]

图1　七七事变爆发前北平大学拟在西安设分校（《世界日报》1936年1月6日）

而陕西省政府邵力子主席在1936年初也曾致函行政院，指出：“西北自中央主持开发以来，物质建设成就渐显，惟教育一端依然落后，诚以陕甘宁青新等省，人口总数在二千万以上，乃竟无一所大学作高深之培养，实不足以应事实上之需要。……查北平一隅，国立大学居四所之多，实嫌供过于求，似可酌迁一所入陕。……复查北平大学现有农工医法商及女子、文理等五学院，学生共一千五百余人，教授百余人，机器、仪器、标本、书籍等约值三百万元，规模素称完备，以该校环境论，迁移西北尤为适宜。如蒙谕允，拟请钧座令饬教育部，就此项原则与该校徐校长妥商详细办法，逐步进行。”但终因各种原因没有实现。

七七事变发生后，教育当局才匆忙商议华北高校内迁事宜，准备在长沙和西安设立西南和西北两个临时大学。1937 年 9 月 10 日，国民政府教育部发布 16696 号令，“北京大学、清华大学、南开大学和中央研究院的师资设备为基干，成立长沙临时大学。以北平大学、北平师范大学、北洋工学院和北平研究院等院校为基干，设立西安临时大学。”

根据教育部指令，西安临时大学筹备委员会在西安成立。筹委会经过两个月的筹备，对于学校院、系的设置以及管理机构的建立，并对学校建设的规划等，均作了详细的研究准备（图 2—图 4）。全校设文理、法商、教育、工、农、医 6 个学院，共 23 系（图 5）。开学日期为 1937 年 11 月 1 日，15 日正式上课。

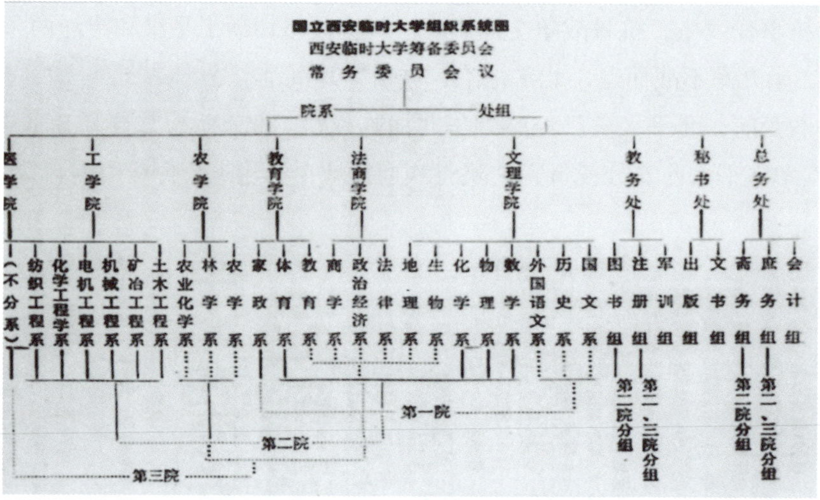

图 2 国立西安临时大学组织系统图

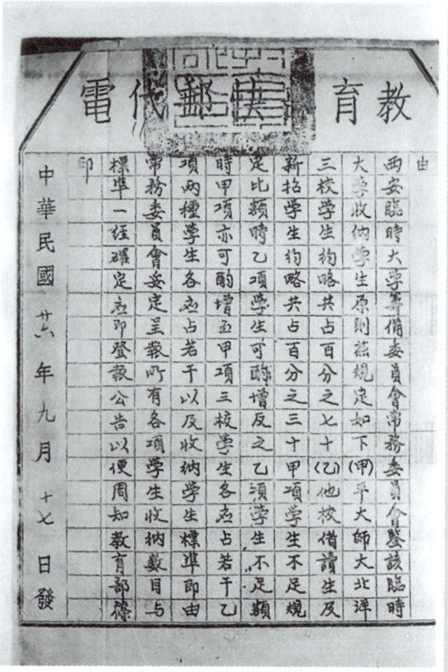
教育部快郵代電

由

西安臨時大學籌備委員會常務委員會鑒該臨時大學收納學生原則茲規定如下(甲)平大師大北洋三校學生約略共占百分之七十(乙)他校借讀生及新招學生約略共占百分之三十甲項學生不足規定比額時乙項學生可酌增反之乙項學生不足額時甲項亦可酌增至甲項三校學生各應占若干乙項兩種學生各應占若干以及收納學生標準即由常務委員會妥定呈報所有各項學生收納數目與標準一經確定應即登報公告以便周知教育部禮

印

中華民國廿六年九月十七日發

图 3 教育部快邮代电西安临时大学收纳学生原则规定

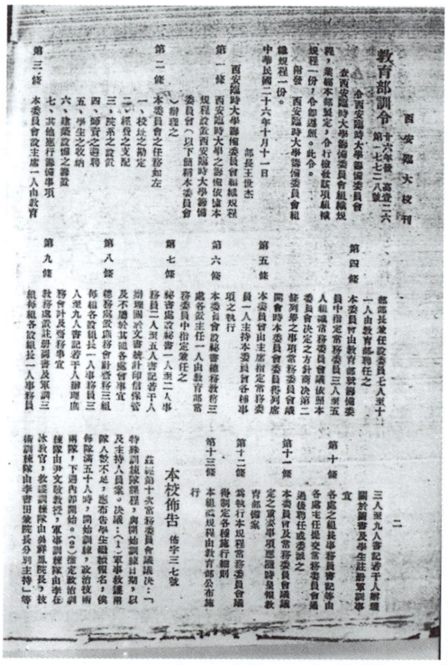

图 4 西安临时大学筹备委员会组织规程

图 5 西安临时大学校徽

临大师生几经周折来到西安时，一贫如洗，图书仪器特别缺乏。因校址一时难于寻找，西安临大分在 3 个地方，其中，临大农学院与法商学院、医学院、文理学院的生物系、地理系及教育学院的教育系同为西安临时大学第三院，设于通济坊。关于农学院的校址问题，西安临时大学筹备委员会曾专门呈教育部函："西北农林专校，位处武功，环境极佳，本校筹委及教职员十余人，曾联袂前往参观，甚愿将农学院及文理学院之生物系，迁往上课。唯该校创设未久，房舍不敷应用，尤以暑假后添招新生，极感拥挤，实不足以容纳本校预拟迁往之人数。若临时建筑，又因该处距城市较远，运载工程材料，费时太久，殊恐赶办不及，现已决定不再迁往。"

西安临大农学院下设三系，分别是农学系、林学系、农化系，院长周建侯，系主任由农学院教授分别担任。截止 1938 年 1 月，除一部分师生离校参加抗日队伍外，平大农学院师生中大多数都转移到西安。先后到达西安的教师 38 人，学生 140 余人。

在上课、生活条件异常艰苦，教学条件更差的情况下，农学院的学生除坚持正常的学习外还根据当时情况，开展了各种研究工作。据《西北农业大学校史》载，1937 年 11 月 27 日，"西安临时大学筹备委员会致函农专，要求支援实习材料及标本等，农专给予所有之水稻三种、小麦八种、大麦、玉蜀黍、黍、粟、稷、荞麦、大豆各数种，蔬菜种子五十种，蔬菜种子五十种，昆虫八种。"农学系以此展开了科学研究及试验工作。又如，农化系师生，到了西安立即计划开展"战时食品问题的研究"（图 6），深入伤兵医院、难民营进行调查，提出尽可能改善他们的营养状况的建议。畜

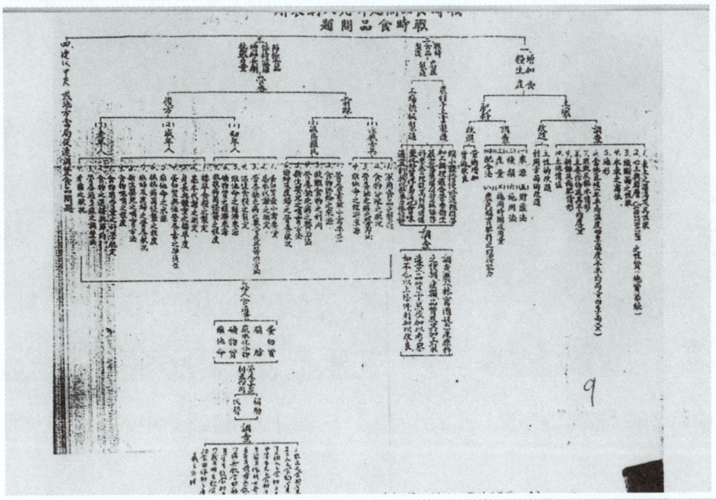

图 6 西安临时大学农学院农化系战时食品问题研究大纲

牧组的师生们对西安附近的牧场进行参观考察。贾成章教授发表了《为移民垦荒进一言》的文章，为抗日战争条件下垦荒事进言献策。

2. 学校南下汉中继续办学

西安临时大学刚刚组建几个月，抗日战争正面战场却在连连失利，上海、太原也相继沦陷，陕西东面的门户潼关告急。国民党政府以安全为由，下令西安临时大学迁出西安，南迁汉中。

在教育部令下，西安临时大学遂即投入到紧张的迁校工作之中。3 月 16 日，西安临时大学师生整队离开西安，按照行军编制，从西安乘火车至宝鸡，下车后按照预定的计划沿着川陕公路南下。数千人徒步南行，长途跋涉 500 余里，越秦岭，过柴关，跨凤城、褒城栈道，经半个月时间到达汉中（图 7—图 10）。学校几经周折，最终决定将全校分别安置在汉中附近三个县六个地方。农学院就安置在沔县武侯祠。

图 7　平大农学院师生在行军——平大农学院师生迁校途中向东河桥前进

图 8　平大农学院师生在行军——平大农学院奉命迁校途中经过柴关岭

图 9　迁移中路经褒城石门栈道

图 10　南迁途中的同学在木桥上小憩

1938 年 4 月 3 日，学校师生南迁后尚未安顿下来，教育部就以国民政府行政院第三百五十次会议所通过的《平津沪地区专科以上学校整理方案》，发布汉教字 1654 号电，命令国立西安临时大学改名为国立西北联合大学，该电称：“陕西南郑专员公署转国立西安临时大学，该校应改称国立西北联合大学，奉院令已奉国防最高会议通过，合电令遵照。”（图 11）临时大学农学院，改为西北联大农学院。上述《方案》规定：“国立北平大学、国立北平师范大学及国立北洋工学院，原联合组成西安临时大学，现为发展西北高等教育，提高边省文化起见，拟令该校院逐渐向西北陕甘一带移布，并改称国立西北联合大学。院系仍旧，经费自民国二十七年一月份起由国立北平大学、国立北平师范大学、国立北洋工学院各原校院经费各支四成为国立西北联大经费。”

5 月 2 日，国立西北联合大学正式开学，并于当日在城固本部举行隆重的开学典礼。图 12 为其校徽。校常委李书田在开学典礼上讲话认为，学校西迁后再南迁，“都是破天荒的大举动”。他还提到“农学院设于沔县武侯祠”，可以“利用汉水开掘沟渠从事灌溉”以及其他院、系设置各处的意义。

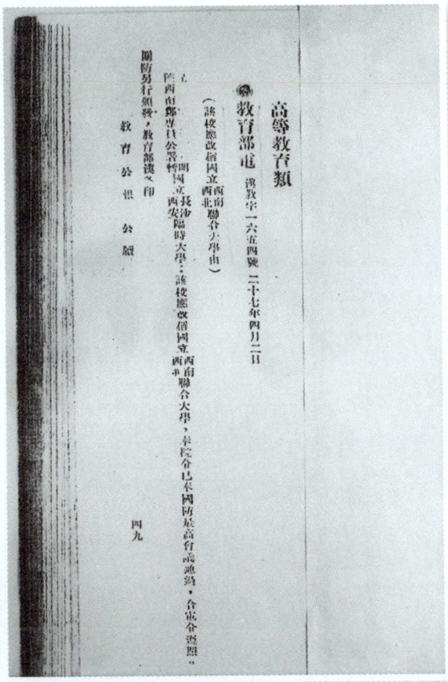

高等教育類

教育部電 漢教字一六五四號 二十七年四月二日

（該校應改稱國立西北聯合大學由）

陝西南鄭專員公署轉國立西安臨時大學：該校應改稱國立西北聯合大學，奉院令已奉國防最高會議通過，合電令遵照。

關防另行頒發，教育部漢印

教育公報 公牘

四九

图 11 教育部电汉教字 1654 号，1938 年 4 月 2 日（《教育公报》1938 年 4 月）

图 12 国立西北联合大学校徽

国立西北联合大学仍按西安临时大学旧制，仍为临时性的联合大学，联大不设校长，校内一切重大事项由校常务委员会议决定。西北联大初期院、系设置保持六个学院、二十三个系不变。西北联大时期农学院仍由农学系、林学系、农业化学系三个系组成。农学院的教授、副教授有十六人，专任讲师、助教、技师等共十五人，院长仍由周建侯担任。

西北联大迁汉中后，办学条件除较西安地域宽敞、环境安静，远离炮火外，教学条件十分简陋，生活十分艰苦，不少院系的教室设在破庙、祠堂里，教学设备一概全无，既无电灯，又无自来水。教师生活困苦不堪，薪金按规定“抗战期间发七折”，维持着最低限度的生活。学生多来自华北、东北、华中等沦陷区，经济上毫无来源，多数人靠微薄的公费或贷金维持，数额少得可怜。伙食条件极差，水煮白菜连盐都没有。因之，师生健康状况每况愈下。全体师生在如此艰苦环境中学习与生活，教师们仍在尽心尽力搞好教学工作，为了抗日救国，忍受着非常的苦难。

3. 组建西北农学院，叶落武功

国立西北联合大学从西安南下汉中，开学还不到 3 个月，国民政府教育部于 1938 年 7 月 21 日发布汉教字第 5942 号训令：“查我国国立专科以上学校之设置，过去缺少一定之计划，故各校地域之分布，与院系之编制，既未能普遍合理，又未尽适合需要。自抗战军兴，各校多迁移后方，师生精神虽能力自振奋，但设备简陋，院系不免重复，实有积极改进之必要。又查中等学校师资，全国尚无专门训练之所，健全师资极感缺乏。本部即遵照全国临时代表大会决议，并根据实际需要，参酌目前情形，拟定调整国立专科以上学校办法，自下年度起，该校农工两学院应与国立西北农林专科学校，国立东北大学工学院及私立焦作工学院，分别合并改组为国立西北农学院及国立西北工学院。业经电令知照。……”（图 13）

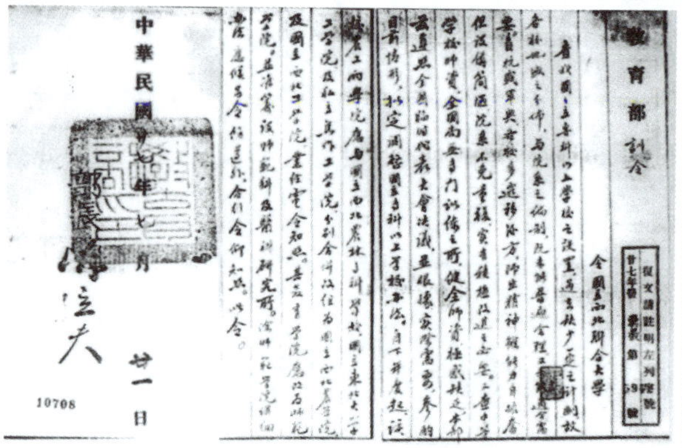

教育部令西北联大农学院与西北农专合并（1938.7.21）

图 13　1938.7.21 教育部训令，汉教第 5942 号：西北联大农学院与西北农林专科学校合并

国立西北联合大学农学院与设在陕西省武功县的国立西北农林专科学校，奉命合并改组为国立西北农学院后，教育部“呈奉行政院核定”聘请国立西北农林专科学校校长辛树帜、教育部农业教育委员会委员曾济宽和国立西北联合大学农学院院长周建侯等组成国立西北农学院筹备委员会，辛树帜为主任委员、曾济宽、周建侯为委员。并令国立西北联合大学农学院及国立西北农林专科学校将所有校（院）产、学生成绩及文卷等项，应即造册点交筹备委员会接收。还拟订了合并改组办法。（图 14 至图 19）

经过 3 个多月的筹备与搬迁，1938 年 11 月 11 日全部校产集中于武功张家岗。12 月筹委会将筹备情况上报教育部。1939 年 4 月，国民政府教育部宣布撤销国立西北农学院筹备委员会，国立西北农学院正式成立，由辛树帜任院长。

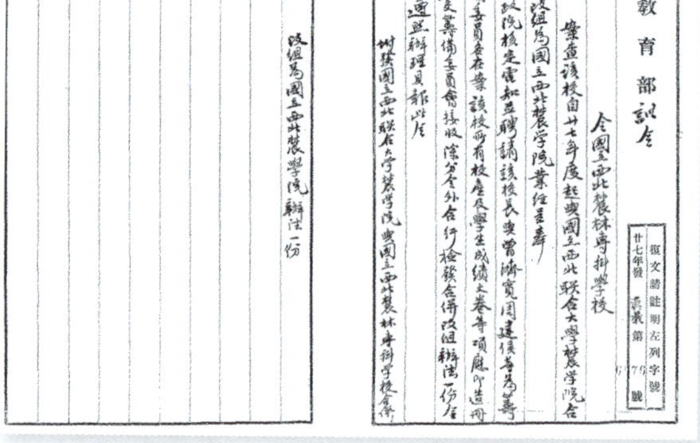

图 14　教育部训令汉教第 6076 号：成立国立西北农学院筹备委员会，并发改组为国立西北农学院办法

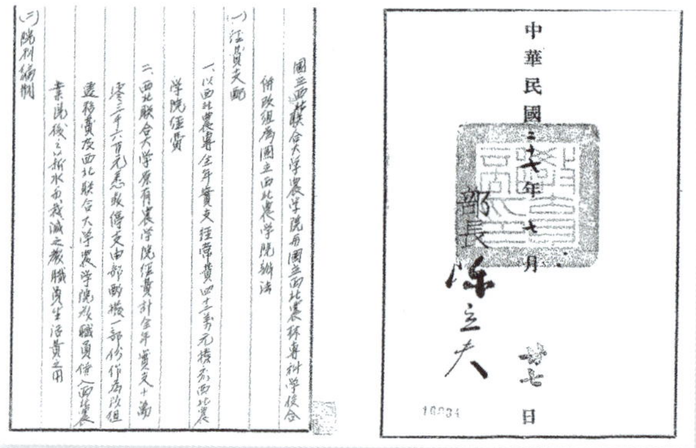

图 15　国立西北联合大学农学院与国立西北农林专科学校合并改组为国立西北农学院办法（部分）

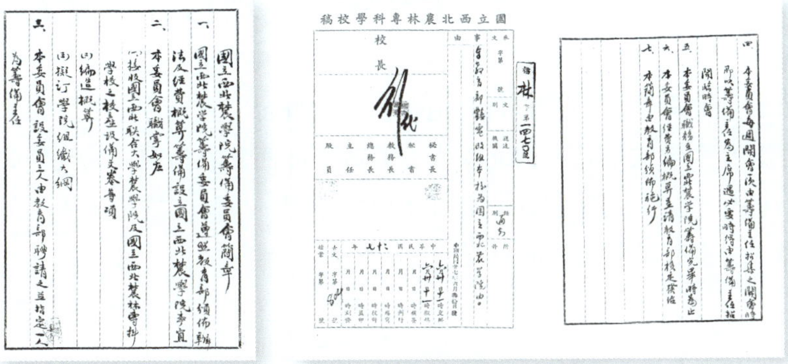

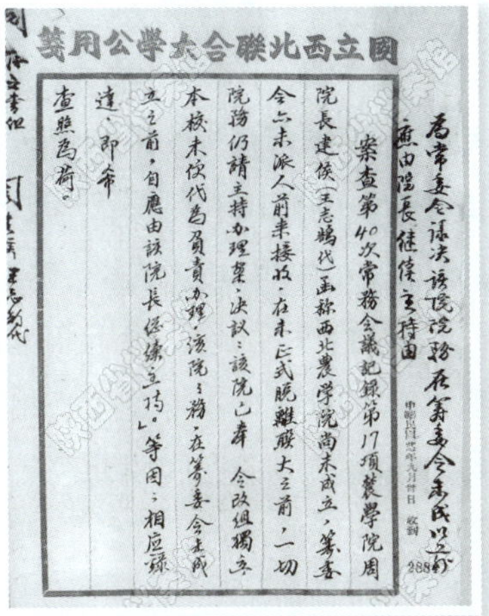

图 16 国立西北农学院筹备委员会简章

图 17 西农请联大在未交接前代为主持院务

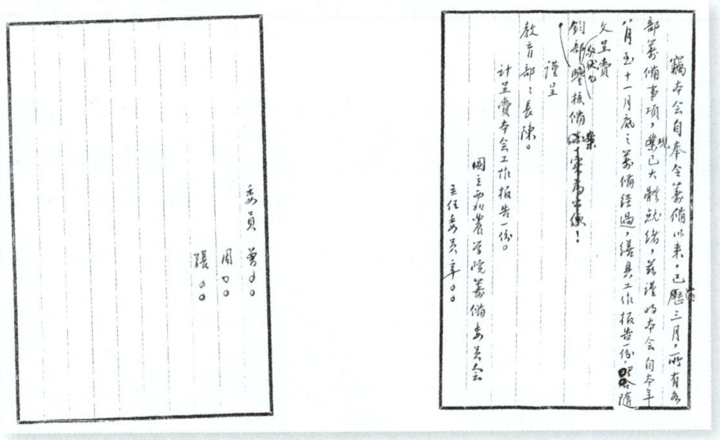

图 18 国立西北农学院筹备委员会呈送工作报告的函

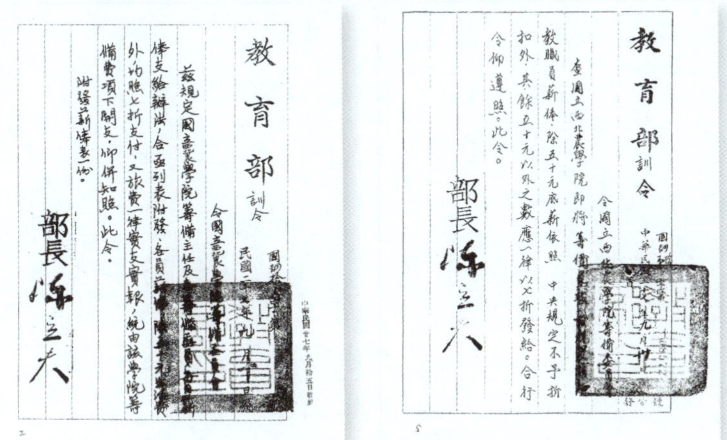

图 19 教育部训令西北农学院教职工俸薪

西迁后，按照联大常务委员会第二十七次会议决议，“由原三校院发给毕业证书”。因此，1938年至1939年两年里共有72人领取平大农学院毕业证书。在毕业证边上盖有“第四学年在西北联合大学上课”的一长条小印章。1940年以后各届毕业生，以西北农学院名义颁发毕业证。留任国立西北农学院的原国立北平大学农学院教师和职员共54人。其中，教授20人，副教授4人，讲师2人，助教16人，职员12人。

至此，中国近代史上第一所国立农业高等学府的身影暂时退出了历史舞台，直至8年后北京大学农学院的崛起才得重生。由原国立北平大学农学院与西北农专合并改组成西北农学院，其代价颇大，但确实为“发展西北高等教育，提高边省文化”起到了极其重要的作用，以至“这块历史上后稷教民稼穑的地方，在抗日战争的烽火中引起了国内外的重视。”

（廖惠芳　文）

参考文献

[1] 中国社会科学院近代史研究所《近代史资料》编辑部、中国第二历史档案馆.《抗战时期西北开发档案史料选编》[M]. 北京：中国社会科学出版社，2009.

[2] 王步峥，杨滔. 中国农业大学史料汇编（1905—1949，上下卷）[M]. 北京：中国农业大学出版社，2005：1-1056.

[3] 关联芳. 西北农业大学校史（1934—1984）[M]. 西安：陕西人民出版社，1986：1-280.

[4] 北京农业大学校史资料征集小组. 北京农业大学校史（1905—1949）[M]. 北京：北京农业大学出版社，1990.

宝汉道上见闻录

——偏重农村调查

编者按：1938年初，由国立北平大学、国立北平师范大学和国立北洋工学院联合组建的西安临时大学刚刚成立几个月，抗日战争正面战场却连连失利，上海、太原相继沦陷，陕西东面的门户潼关告急。国民党政府随即以安全为由，于同年3月下令西安临时大学迁出西安，南迁汉中。

农学院学生面对敌人的轰炸，虽悲愤万分，但仍然按照学校整体安排，分编第三中队，依依不舍地离开了西安，沿途对各地的风俗习惯、农村农情进行了详细调查，由农学院大三、大四学生廖哲文和孙方记录、整理形成《宝汉道上见闻录》，发表于《北农通讯（四五期）》，现存于陕西省档案馆。

本文为原始史料之整理编校，力求保持原貌，一般不作改动，一律采用简化字，原文漏缺字或辨认不清处以“■”代之，错别字之后加［ ］更正。

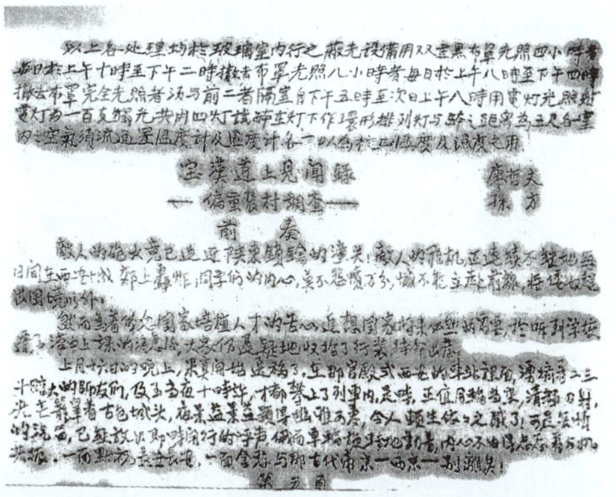

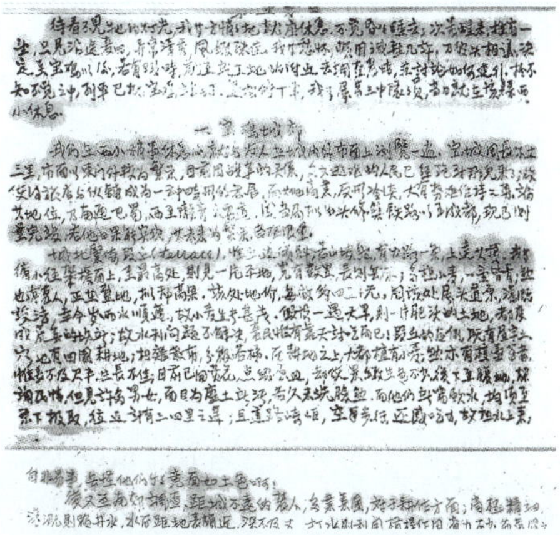

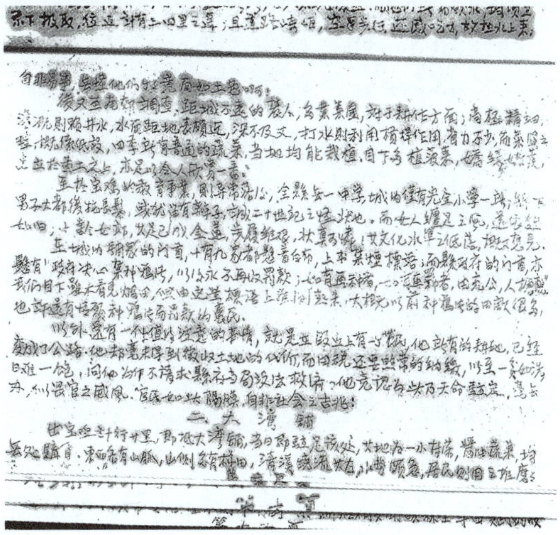

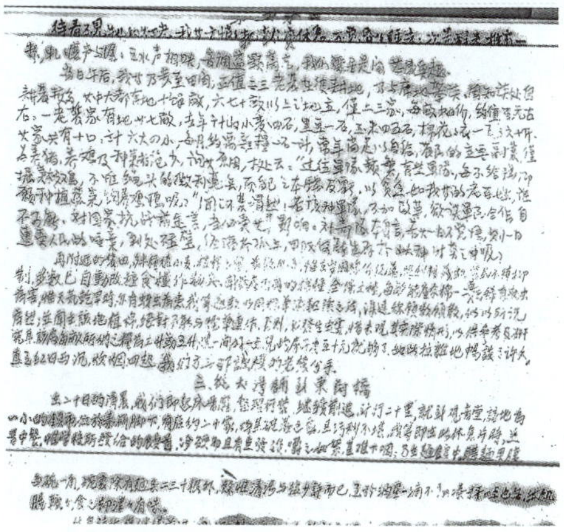

前奏

敌人的炮火竟已迫近陕东锁钤的潼关！敌人的飞机，正连续不断地每日间在西安城郊上轰炸；同学们的内心，莫不悲愤万分，憾不能立赴前线，将倭奴赶出国境以外。

然而，为着体念国家培植人才的苦心，追想国家将来必然的需要，于听到学校迁至汉中上课的消息后，大家仍迟疑地收拾了行装，待命出发。

上月十六日的晚上，果真开始迁移了。在那宫殿式西安的车站里面，拥挤着二三十临大的师友们，及至当夜十时许，才都攀上了列车。是时，正值月轮当空，清辉四射，光芒笼罩着古色城头，夜景显得幽雅可爱，令人顿生依依之感了！可是无情的汽笛，已经放出即时开行的呼声，俄而车轮旋转地动着，内心不由得忐忑着与机共振。一面默祝长安长安，一面含愁与那古代帝京——西京——别离矣！

待看不见它的灯光，我等方悄悄地就座休息，不觉昏昏睡去；次晨醒来，推窗一望，只见沿途麦田，异常清秀，风致殊佳。我等愁怀，顿因减轻几许，乃披头相议，决定至宝鸡以后，若有暇时，就至所在地的附近去调查农情，并讨论如何进行。于不知不觉之中，列车已抵宝鸡站台了，是以相继下车，我等属第三中队队员，当日就在该县西小休息。

（一）宝鸡城市

我们在西小稍事休息后，就与友人在城内外市面上浏览一遍。宝城周长不过三里，市面以东门外较为繁荣，目前因战事的关系，多少逃难的人们已经跑到那儿来了；故使得旅店与伙铺成为一种畸形的发展，而其他商业，反显冷淡，大有势难维持之势。论其地位，乃南通巴蜀，西至陇青之要道，闻当局拟由头修筑铁路以至成都，现已测量完竣，若他日果能实现，其未来的繁荣，当难估量。

城北紧倚段［断］丘，惟江边倾斜，若山坡，然有出路一条，上达其顶。我等循小径攀援而上，至最高处，则见一片平地，宽有数里，长则无际；多植小麦，一望皆青；然也有老人，正在整地，拟种高粱。该处地价，每亩约四五十元，因该处属头道原，灌溉设法，幸今岁雨水顺适，故小麦生长甚茂。假设一遇天旱，则一片肥沃的土地，都变成荒芜的场所；故水利问题不解决，农民惟有靠天讨吃而已！段［断］丘的南侧，既有屋宇土穴，也有田园耕地；相杂散布，分级若梯。在耕地之上，大都植有小麦，然亦有植■苕者，惟长不及尺半，生长不佳，目前已开黄花，点缀原边，却使景致生色不少。后下至腹地，探询民情，但见许多男女，面目为尘土所污，若久未洗脸然，而他们所需饮水，均须至原下汲取，往返计有三四里之遥，且道路崎岖，空手步行，已感吃力，故担水上来，自非易事，无怪他们个个竟面如土色啊！

后又至南郊调查，距城不远的农人，多业菜园，对于耕作方面，尚极精细。灌溉则赖井水，水面距地表颇近，深不及丈，打水则利用杠杆作用，省力不少。而菜园之畦，概系低设。四季所有普通的蔬菜，当地均能栽植，自下多植菠菜，娇绿嫩黄，点立于黄土之上，亦足以令人欣赏一番。

至于宝鸡的教育事业，则异常落后，全县无一中学，城内仅有完全小学一所。县下男子大都后拖长发，或犹留有辫子，成二十世纪之怪状也。而女人缠足之风，还依然如旧；小龄女郎，其足已成金莲，步履维艰，状真可怜！其文化水准之低落，概可想见。

在城内铺家的门首，十有九家都悬着白布，上书禁烟标语；而县政府的门首，亦悬有“政府决心禁种鸦片，以及永不再收罚款；如有再种者，如有再吸者，由［药］充公，人枪毙。”我们目下虽未看见烟田，但由这些标语上推测起来，大概以前种鸦片的田亩很多，也许还有情愿种鸦片而罚款的农民。

此外还有一件值得注意的事情，就是在段［断］丘上有一个农民，他所有的耕地，已经变成了公路，他却毫未得到征收土地的代价，而田税还要照常地缴纳，以至［致］一贫如洗，日难一饱。问他为何不请求县府当局设法救济，他竟认为此乃天命注定，毫无办法，似畏官之威风。官民如此隔膜，自非社会之吉兆！

（二）大湾铺

出宝鸡计行二十里，即抵大湾铺，当日即驻足该处。其地为一小村落，酱油蔬菜，均无处购买。东西各有山脉，山侧见有梯田，清溪绕流其左，水势颇急，居民则用之推磨磨粉，轧轧磨声与潺潺之水声相映，音调益显高亢，我们骤居是间，甚感有趣。

昔日午后，我等乃步至田间，正值二三老农在彼耕地，乃与席地攀谈。因知该处自耕农较多，其中大都有地十余亩，六七十亩以上之地主，仅上三家，每亩地价，约值百元左右。一老农家有地二十七亩，去年计收小麦四石，黑豆一石，玉米四五石，棉花花衣一百六十斤。其家共有十口，计六大四小，每月约需杂粮一石一斗，常年尚足以自给。农民的主要副业仅为养猪，养鸡及种菜者绝少，询其原因，才处云：“过往军队频繁，有些军队，每不给钱，即掘菜杀鸡，不惟蝇头的微利毫无，而自己之本钱反亏，以贫乏如我等的老百姓，谁愿种植蔬菜，饲养鸡鸭呢？”闻之不禁喟然！若该种军队，不加改革，欲谈军民合作，自不可能，对国家抗战前途言，当必受其影响。对部队本身言，若其一日不觉悟，则一日遭受人民的唾弃，到处碰壁，终陷于孤身，那又何能生存。

再附近的农田，多半种植小麦，植榨■，为数亦多，惟去岁因棉的低落，得利较薄，故农民不待抑制，多数已自动改种食粮作物矣。闻■所育的棉种，■，每亩能产原棉一二百斤，稀育病虫为害，惟天气干旱时，亦有蚜虫为患，我等适数以用■驱除之法，渠连称领教领教，似以所说为然；并闻在该地植棉，绝对不能与■草连作，否则，必发生虫害，惜未观其实际情形，以供参考及研究耳。该处每亩所纳之粮为三升或五升，建一间好一点儿的房子五十元就够了，如此拉杂地畅谈了许久，直至红日西沉，炊烟四起，我们方与那诚朴的老农分手。

（三）从大湾铺到东河桥

在二十日的清晨，我们即起床进膳，整理行装，继续前进，计行二十里，就到观音堂。该地为一小的镇市，位于秦岭脚下，有店约二十家，均呈破落之家，且污秽不堪，我等即在此休息片时，并进中餐。惟学校所发给的馒首，冷硬而且有点发酸，嚼之如絮，甚难下咽；乃在面馆中，购面果腹，每碗一角，碗里除有面条二三十根外，余惟清汤与盐少许而已，至于油星一滴不见，湊料一点也无，然饥肠辘辘，食之亦津津有味。

休息时许，复继续前进，因公路盘山曲折，绕路计多十里，我们乃取捷径而行，越岭计走二三里，又遇公路，只见山峰，愈转愈奇险。公路乃依山攀石而成，其右则石望壁立，无路上通，左则一溪与公路逶迤平行，低落二三丈，宽约丈半。溪旁亦石山耸立，边缘陡竣，险阻异常，而其上均筑有碉堡，隐约见羊肠小道，以资联络，堪称天险。我等转首右顾，只见石壁之上，刻有“古大散罔”四字，方知此处就是有名的雄■，有一夫当关，万夫莫敌之概。回忆南口，虽不及此处险阻，但亦有相当可观，若非军阀误国，谅敌人决不敢长驱直入，而几陷西战场于不可收拾之境，不知他日此处亦为用兵之地耶？亦蹈南口居庸关之覆辙耶？内心不禁悬而愤慨。行约二三里后，又取捷径而行，越山爬岭，立至最高处，已汗流额湿矣。然似目的已远，内心甚松故不觉劳。

下山约数里，主东河桥，我们当日即歇于该处。当地有铺店凡二十多家，市面较观音堂略形整齐，除油盐猪肉可以买得外，余则无物可购。而吸鸦片者甚多，每一店内，几无不有烟具一套，故多数人民都弄得面白容悴，见之怕人，可恶亦复可怜。闻当地气候较冷，不适蔬菜生长，但民性懒惰，亦为其主因也。

（四）黄牛铺

在东河桥的次日，天忽洒微雨，然我等仍照常赶程。惟泥泞路滑，行走维艰，幸路途不远，计三十里即抵黄牛铺。沿途山水，恍若一片清烟笼罩，难窥本来面目，风景幽恬，亦足引人入胜！

黄牛铺为一市镇，约有铺店百余家。邮局设有代辟所于此，汽车设有分站，故市面颇热闹。然乞丐众多，触目皆是。闻去岁所植玉米，全为雹霰所毁，收成减少，故民多具菜色，百结鹑衣，枯槁形容，见之殊堪怜念！

据农人言，此处财富不及上农，但地力却无差异。以佃农为最多，地主最多不过有地四五十亩，而以二三十亩者为最普遍，地租保将收获物与地主平分。作物以玉米及小麦为主，故民恒以玉米为日常食料。每斗小麦重五十斤，而宝鸡则仅三十余斤。其耕地之动力以牛为主。一农家有大人四口（内有老人二）及小孩二人，月需粮食五斗多，渠家有地十四亩半，往年可收玉米五石，麦四石，黄豆二斗，尚足以自给。

（五）草凉驿

草凉驿距黄牛铺三十余里，沿途山峰围艳，形成数渭。公路蜿蜒至其间，使成一串。而小溪环山迂回，水面宽及大半，两岸植有杨柳，大可是转条带绿，隐约含有无限生机。且时走山■，即遇见平原一片，大有柳暗花明又一村之概。平原上之住户，多者不过六七家，少者仅三四家耳。距水近之地多植稻，远此植麦，土质尚肥沃。

此处属凤县，外表较黄牛铺当地似尚繁荣，然富社会中一切陋习，并尽表现无遗。人民畏官吏如惧虎狼，即当一甲长，在该地也感受之至，我等在街上曾见一红绸高悬墙上，其措词及格式如下：

种粮花户等公举　龙王沟甲长唐禄公正可当　特级鸿禧

当一甲长，如此轰动全镇，可见该处人民对于官之重视矣。

自宝鸡起愈向西边走，好像烟民也愈多。大约三家有二家吸大烟，白面蓬头，体羸神萎，如此民众，怎能动员，又怎配动员？

（六）凤县

凤县为陕西省三等县，县城较小，街长不过一里，城周二里许，其东有河一条，名“古道河”。

据土考言，此河为嘉陵江之上源。

我等在当地，调查略详，兹将所得，分类写在下面。

一、农业。该处之雨水，以七月至九月为最多，亦时有春旱之来。通常作物所需水分，多取自山溪。水边之田地，多植水稻，而离水源较远者，则植玉米及麦等。农户以佃农为最多，佃费的偿还为与地主平分收获物。农家副业以养殖为主，猪次之，耕作动力为牛，故肥料亦仅限于上列牲畜之粪尿。

作物：以稻麦为主。我等视察稻麦地时，见稻地自去岁收割后，至今尚未一耕，而麦地则[redacted]或疏或密漫无一完，地中有不少泥块，杂草丛生，不芟不除。据一老农言，凤县地之单位为项，一项计合二亩有半。最佳麦地，一项可收二斗多，劣者仅及一斗。而所下种子，一项计要五升，故获利甚薄。至于稻田，良田一项可收穀石许（斗米重五十斤），劣者仅能收三四斗，观其管理之粗放，宜其产量之低微也。

关于当地轮作的方式，除一熟制仅植麦或稻外，就两熟制言，其法如次：俟菜籽快成熟，即播菜籽入内；等稻收获菜籽即出芽关，至来年四月再种稻时，菜籽已成熟（乡人用菜籽换油，计一升可换油一斤一两）。至于麦于五月左右收割后，即植荞麦，荞麦于十月间即可收获，此后土地任其休闲，至来年四月植玉米，玉米收获后则只植冬大麦，或冬小麦。

园艺：以我等观察所得，自宝鸡至褒县以北止，凤县的园艺事业，当惟此段途中的翘楚，不独其多，且管理方法亦差强人意，兹将当地果树及蔬菜情形述之于次。

①果树。此处果树种类甚多，有梨、葡萄、苹果、李、桃、杏等。繁殖均用营养器官，其中以梨最为出名，普通称为凤梨。但凤县之梨，非全为品质佳者，当视梨树所在地而定，例如离凤县十五里路之龙口，所产之梨较四乡均好。该地之土壤，为砂质壤土，含有机质较少，土呈黄色，且土中掺有小石片，故利于排水。长成之树，因未加修剪，故高均在一丈以上，行距 8~9 尺，株距则六七八尺不等。其繁殖方法系在秋天取山上的野梨树（直径 2~3 寸），移植梨园，供明年接穗时作砧木用，再于三九时节（即冬至后 27 天）将接穗取下，藏于地中，俟来年清明前，梨树将发芽时，始取出行接穗作叶。接穗之长无定，留二三芽或四五芽，先将接穗削成圆锥形，惟切口并不平滑，后以削成圆锥形的小竹棒，在砧木三皮层及木质部间一插，使略分离，乃将接穗插入，用皮纸及绳将其扎好，以牛粪封之以防蒸发，计一砧木共接三四穗，若全接活，则伐去二或三穗，即任其自然伸长，既不整枝，亦不剪枝，四年后即入结果期矣。

凤梨在八月成熟，该时一个扳（每角钱合七个扳）可购三四只，以后愈卖愈贵，至暮春时即可卖完，价昂时可贵至二角一梨。推其昂贵之原因，不外两端：1. 愈卖愈少，物以稀为贵。2. 贮藏期中腐烂者太多，乃不得不提高价格以弥补损失。至于其贮藏方法，系在地上敷麦草三四寸，草上再置皮纸一层，取梨一只一只堆其上，每堆高约三四尺，宽无定。每同七八日则易地翻置一次，并将腐烂者剔去，如此贮藏百梨越冬及好者仅有十余只而已。其梨甚少病虫为害，往间生一种梨兜虫，色白蛆状，长约二分，寄生于果实中；值年旱时亦往往发生赤星病，但二者为害均极轻，故获利不薄。一树梨实，多者可售八九元，少者亦售三四元。至于凤梨之果柄，计长二寸许，形呈椭圆，蒂深，梨皮黄色，惟不甚光泽，且有斑点，肉色青白，欠芬芳，味甜酸，汗多而甚砂质，且略带香蕉梨之风味，设能加此改良，当不难推销境外。

②蔬菜。■较为方便也，当地四季所种蔬菜如次：春——洋脚葱，菠菜，蒜苗，芹，热萝卜等。夏——黄瓜，莴苣笋，青菜，豇豆，笋瓜，梨瓜，番瓜，扁豆，丝瓜，苋菜，南瓜（但无冬瓜）等。秋——青菜等。冬——芹黄，菠菜，白菜，红白萝卜等。据经营蔬菜的老农云，本县蔬菜园艺作物中，以植西瓜获利最大，■其栽培之方法：闻先掘一尺深之沟填入厚约五寸深之厩肥，上敷泥土约一寸五分。将已经浸好而发芽之种子播于上，再敷以轻沙，芽出土后渐长成苗。俟苗长五六尺即行摘心，一苗仅使结二瓜，多者则行摘果，如此待瓜成熟后，直径可达一二尺，味且甜美。至于瓜畦之长，多为六尺，两株距则为一尺。

二、其他。西汉公路沿途路基目前在重修路面较以前加宽，计公路在凤县内约有六十公里之长。闻该处如今已征调二千壮丁在公路上工作，其最高待遇，每日为一角五分，低者仅八九分。而每一工人日需消费粮食计合洋一角五分，且其中大部分工人尚有阿芙蓉之癖，又需费一角，故皆以玉米面充饥，营养不足，劳力自嫌不够。至于工程处对于工人之健康问题似毫不加以注意，闻岁严冬，有数千工人集中于路旁之某庙中，夜间仅有草作褥，都无被盖。睡前或生一火，初尚勉强称暖，及至夜深火渐熄灭，工人受寒得病者甚多。征调人民为国家服劳役，理所当然，但人民的义务只有将劳力贡献于国家，决不能把康健也连同赠送。如果真像上述的情形，这于国家实是一种莫大的损失！我们记得在大湾桥到观音堂的途中，曾与该段修路工人闲谈。据一工头说，每公里筑路费约需五百元，筑路人员工资，计为六角一天；后又据一工人言，筑路者全为无代价的征自民间。大概这二人的报告，全属确实，不过前者为政府明令所规定，后者为执行之结果。所以我们认为在实行的方法上有重新调整的必要。

凤县的位置约处西汉公路的中央，就土壤气候水利言，均宜农事。即就目前当地的农产品言，亦差强人意，设加以改良，前途自有希望，故不谈改良公路沿线之农业则已，若谈改良凤县似可为中心农场之所在地，即以现状言，当地亦亟须一农业技术机关方可使“地尽其利”也。

（七）双石铺

二十四日午时，我等方起程前进。行二十余里，就到双石铺，当日即停于该处。

双石铺有店凡百余家，外表似显繁荣。我等连日所经各处，市面热闹之情形当以该处为最，因当地固有西汉公路之贯通，一面又有通甘肃之大道，商旅成集，故形热闹。而自陇西来者多为盐贩，此盐大都行销陕南各地。惟人民生计亦甚困苦，盖因彼处，赌风极盛，聚赌之处计有四五家之多，大都数十成群，相集推牌九摇点子，喧哗之声，溢于户外。我等在赌场门首稍停一刻，就见有二三垂头丧气的人，溜着出来，沿路而去，想其中不知荡尽几多家财矣！且烟馆林立，瘾君子甚多，不知当局曾禁烟赌否，民众如此，究孰令致之耶？

至于该处附近，目前亦植有蔬菜，惟种类极少。我们自过秦岭而后，至马道以北，沿途见许多乡民颈上生瘤，询其起因，据云系饮河水所致。我们想之觉其乃无稽之谈。推原其因，当由于营养所致，因生瘤的人民大都属乡间的多，而镇市上的少。且闻生瘤之初，若有海带煮食，尚可治疗，今观沿途乡民所吃的食品，除小米玉米外，余无他物。小米玉米中所含的营养成分，殊不完全，如玉米中因缺乏两种主要的氨基酸，且不含碘质，故乡民多生瘤也，而市镇上的人民，多能吃到青菜，因青菜中富有维他命，是以生瘤之人较少也。

（八）南星镇

当日清晨，即行出发，前进六里，至凤岭（俗名九重梁）。我等乃取捷径越山而行，下山后仍循公路进，计行四十五里，至九重沟。沿途未见一片平地，一处人家，惟有青天如带，野花似锦而已。过九重沟后，复行三十余里，始抵南星镇，自此已至留坝县境矣。

该镇有铺店凡四五十家，生意清淡，而公开卖烟的官膏店，却有二三家之多。附近耕地面积不多。农作物以玉米为主，植小麦与荞麦者约有半数。至于蔬菜植者亦少，但核桃却为该镇大宗出产。惟该处一带作物，常有野猪为害，遂问何以不聚众捕杀之？则对曰："此乃天降以害百姓，吾人其将奈何！"民愚而善，殊堪怜念！深望地方当局有以救之也。

又该镇人家多以养鸡为副业，此外亦有饲鸭者，头数虽不多，但非以上各镇所能比也。

（九）风景优秀的庙台子

我们越过柴关岭，就到了庙台子。庙台子夹于两山之间，右山松柏参差，左山石块峥嵘。而右山复曲折成一盆地，庙宇即修于其中，规模宏大。庙后有石崖，其上建有楼阁，甚壮丽，隐约藏于苍石翠竹之中。庙前一山嵌有怪石，其上间生野花，灿烂可爱！寺之四周，均为曲流环绕，泉声潺湲，风景优美，吾人处此几疑置身桃源，不禁心旷神怡矣！

庙门首有一横额，上书"大汉张留侯祠"六字。门首有石碑一块，高且大，刻有汉留侯辟谷处。其右上又刻有"紫柏山"三字。大门之后，紧接木桥，类似过亭，相传为张良进履之地，故颜曰"进履桥"。桥后为二门，门后为坪，坪中有三清殿，殿之左右后三方，各隔二三丈均有正殿，其旁又有配殿。留侯■庙右，前为■联碑记甚多，其中风致特别清悠，而尤以南花园为最。花园之后，有亭二，均石质，拾级而上，可登授书楼，上层有黄石公及留侯造像。于■四顾，只见千竿摇翠，四岭送青，几许俗情，顿为景物捲去矣！想留侯张良，乃亡韩之后裔，痛祖国之沦亡，悲嬴秦之残暴，义不顾身，初击始皇于博浪，终扶汉刘以崛起，救人民于水火。今足履斯祠，目睹时艰，思古慨今之情，遂油然而生矣！

祠里的羽士共有百余人，大都来自四方，其生活一切所需，一方靠铸锅所获的利润及施主的布舍，一方恃庙内所有的地产。该庙所有之地虽多为山地，但面积甚大，掩南十里以内，几全为庙里产业。附近一带农人均租其地耕作，还租制系双方平分收获物，其等不事劳动，竟能温饱，较之终年忙碌难获全饱的农民奚强百倍。在全面抗战紧急的今日，多少壮年农民，已经为国牺牲，此种劳力的损失，政府亟宜设法弥补。苟能将全国所有的僧道代为工作谅足堪够用，而天下又可少一不平事矣。

该处附近的地不以亩计，而仅云块数或依一块地之出产额以定一地之单位。夫一地之产额常因环境而异，自不能作一定之标准。闻当地每斗合一四十大碗，约四十八九斤，如此算法亦非合理者。现其耕作方法甚为粗放，且地于耕完之后，每不再行耙盖即播下种子，麦为撒播，多与玉米轮作，年可两熟。其他作物亦有野猪为害。农民之主要副业则为养猪，沿公路一带的农民饲鸡养鸭者亦极少。

关于果树方面，当地有桃、李、杏、花红梨及核桃等种。梨多属野生，核桃树则随处可寻，沿公路其他各地亦盛产之。惟近路所有的核桃树几将斩伐殆尽，因其木质紧密宜造枪托。年来暴日凌我，需枪托多，多少古老核桃树均为国牺牲矣。当时正有工人在附近山坡锯伐，予等乃往询之。据云长四五丈的树（生长年龄约有四十余岁）可锯枪托三四十把。设某处有寸朽，其材即弃而不用。每锯成一枪托式的木头可得工洋壹角五分，由此运至宝鸡时则每条值五角。在宝鸡由火车运至汉口送兵工厂制造成枪。惟目下仅知利用而斩伐之，但毫不注意补植，树种日趋稀少，殊为可虑，幸望当局注意及之。

（十）小型的留坝城

在留侯祠信宿方继续前进，计行三十里即抵留坝城。城池甚小，周长不过■入初仅八百元，现已增加一倍亦不过一千六百元而已。

留城附近的地，其面积大小之单位多不用亩，亦依地生产力之大小计之。据云能收三十石稻的地须年给地主租金四百串，其每亩地价约值洋五十元。上等的地估计一亩可收稻二石四五斗，普通则为一石五左右。一斗米重四十四五斤，较庙台子一斗少一升。

当地作物在沿河一带则以稻为主，而山地一带则多植玉米与麦。年可两熟，大都稻麦轮作。我们前往调查时见农人正在小麦地中施追肥，其肥为人粪尿与厩肥混合而成，但施用前并不除草，故肥料之效用不能充分为作物所吸收，则农人暗中所蒙之损失实难胜计，深为惜之。又我等观沿途之稻田至今独犹未耕耙，田中留存稻梗，在留城附近固亦如此，而其所留之稻梗较他处尤长。在植麦的土地，不能早为耕耙自可原谅，实为时间上所不许。然有许多休闲的土地如今亦未加以耕锄，既使土壤不能充分受到风化，减少自然养分的供给，且地里的害虫孢子与病菌因未受日光的照射当易于繁殖而为害作物之程度自深。该地处插秧一穴为七八株，穴距约一尺二寸。

关于果树方面，以核桃为最多，其仁可以打油，一斗仁可榨油七八斤。油每斤能值洋三毛，价廉时一元可购四斤，故许多农家，均恃之作大宗收入。其他果树，则有杏、李、桃、梨等种，均实生繁殖，惜品质欠佳，仅能行销本地而已。

县城附近的农人，以植菜为专业者，没有一家。闻从前靠种菜为主的人却不少，竟有五六家之多。其所以如此，实因过去军队频繁，军人多不给以一点的代价，故农人多改植食用作物矣，即有植蔬菜者比都视为副业，经营极为粗放，菜之种类亦不多。我等所见到的仅有莴笋、菠菜、葱、韭菜、白菜几种，而莴笋大都与菠菜间作是其特点。

至于饲养方面，家禽则以鸡鸭为主，家畜则以猪为主，亦有养蚕者，惟桑叶缺乏，故极不普遍。留城雨量常年以六七月为最多，春季较少，要之与西安气候独犹相差无几也。

（十一）马道

二十九日清晨我等即整队出发，闻此段路有土匪出没骚扰，故地方当局特派保安队护送我等至马道。马道距留坝凡三十四公里，沿途皆山，惟有太白■河南流，绿波荡漾，红葩芬芳，倒使得沿途景致生色不少。

马道为一市镇，附近有河流二：一在镇东，向南流，即太白河；一在镇北，向东流，名曰樊河。街道以北樊河之上有一浮桥，桥系横排铁索上置木板而成，人行其上往往左右摆动重心难稳，过之须小心翼翼。桥北有石碑，读竟方知该地即为汉相国萧何追及韩信之处。

当地的农业情形大致与留坝相似，惟农家有以山羊为副业者。吸烟之风亦极盛行，余等当日留住之处主人亦为烟鬼，迄夜深尚在吐雾吞云，真是烟气熏人眠不得。政府犹无法禁止，我等又其将奈之何。

（十二）褒城

清晨起来我等仍继续向南前进。为着安全起见，第一军又派有便衣队来保护我们，结果我等于下午四时就安抵褒城了。

自大湾铺至褒城一带的路几全在山谷中，但自褒城东南望，则见一片平原甚为宽广，其上菜花似锦，桃林生春，种种景物不亚江南。吾人见之心境顿宽，而第一中队的同学们已于第二日抵褒。故友相见欣慰莫名，乃追问校方情形，皆云汉中距此地不过三十里，那儿无法容纳我等，现在就在此地会合，俟当局在附近各县择妥校舍后再行前往。次日大队部果真下了命令，嘱我们在此停留待命，于是我们的行程就告了一个段落。

我们为要明了褒县农情起见，特往县府求见孙县长宗复，请他告诉我们当地的情形。据云，此地南区多水田，北区则全为旱地。全县耕地面积计有四十一万余亩，荒地约有二十一万亩，最佳之地每亩可值洋一百五六十元，普通地的价格则为五十元至九十元，下等地价值二十余元。农产品之重要者有稻、麦、玉米、棉花、芝麻等种，全县所产粮食常年尚足以自给。至于赋税方面，全年可收田赋二万五千余元，其他尚征收屠畜斗税以外，则有保甲摊款。关于斗税之征收法，孙县长亦不得而知。在此地大都秋雨极多，春雨稀少，而冬多不雨，植蔬菜最多之处则在长林镇一带。

四月九日我等赴宗荣镇调查，该镇在褒城之东相距十里，市镇尚大，形颇热闹。附近多植麦，小麦约占三分之二，大麦则占三分之一。大麦目前正当出穗，惟罹黑穗病者甚多（约占全体五分之一），且麦田之中，常有杂种或油菜，是在农人对于种子未加选择与预措所致耳。但地方较瘠之地，农人能将麦与豌豆混作（俗名套作）。因豆科作物能增加地中之氮，以供小麦之吸收，此种处置，实为得当。此外，小麦亦多罹黄锈病并有蚜虫为害，若当局能设法指导农民救治，则农民所更之实惠，自非■鲜矣！其他作物少见栽植。蔬菜虽有种者，惟较少耳。但该镇附近所产之红薯，大而好，每亩能出四五百斤，因贮藏得法，故收至此时，犹少坏者。该大镇斗米计重四十余斤，较南郑之斗略大。所谓斗税，据一农人言，系由卖主与买主双方各出铜板四五枚（即五分）给爱斗者——当然是所谓吃公事饭的人，若某方无钱或不足五枚以完税时，则好好一斗，被他扣去一升，仅剩九升矣。鱼肉乡民，良堪痛恨！望当局注意及之。至于该镇附近油菜，亦生长良好，大都于冬十月下种，用绳打行，行间约一尺五至二尺，然后照行用锄开穴（俗称窖），穴深二寸，初不施肥，候菜长三四寸而后疏苗，并浇以尿水一次或二次，概不打尖（即摘心），计好地每亩可得菜籽三斗。

次日又至长林镇调查。该镇在褒城之西南，相距约二十里。该镇至杨寨一带，种植蔬菜甚多。目前蔬菜种类亦不下十余种，如■苔、菠菜、蒜苗、大蒜、葱、莴笋、萝卜、甘蓝等均有，而尤以甘蓝所占面积较多。该菜在旧历七八月时下种，来年四月开花，色黄而美，五月种子可成熟，菜于四月初旬即当收割，在春季里吃，故俗名春菜；其他蔬菜，极为普遍，不用言及。关于附近的食用作物，主要者为麦，而麦又有大麦、小麦及蕃麦之分（蕃麦俗称蓝麦），但种植面积以小麦为最大，次则大麦，再次则蓝麦。按该麦与小麦同时播种，在芒种时收割（大麦较小麦晚熟一星期），每斗价格较小麦低三四角，每斗重三十七八斤。每亩地计可收小麦五六斗，蓝麦七八斗，而大麦则能收一石左右。该处一亩油菜田可收菜籽二斗多，每斗可榨油八九斤；而油价昂时，每斤值洋四五角，且一斗榨油亦可售洋半元，获利不薄，故农人多喜植之也。大麦亦多罹黑穗病，除有患■黑穗病外，尚有患坚黑穗病者，然其危害之程度，实无二致，是亦宜设法防治也。当地斗税之征收法，闻系由卖主一方，出洋五六分与■斗者，与昨日所知虽有不同，但我想均属事实，只看收税人之良心而已。

尾声

我们此次徒步五百余里，看了沿途的情形，真令人不胜感慨！要而言之，人民尚称纯良，并能吃苦，惟教育不普及，故仍不开化。加此三分之二的人民，都染有吸鸦片烟的恶习，致性流于怠惰，毫不讲清洁与卫生，若不亟谋改善，行见既经利用的土地，将变成荒芜的场所；忠厚淳良的百姓，将成为羸弱无力的病夫，实堪焦虑！是望行政当局对于烟禁，还要下一番绝大的决心，务使烟民限期戒绝，应绝不许公开及暗地里买卖烟膏。诚如此，烟鬼方可肃清，而后才能谈到其他的建设事业。

至于沿途的农业问题，我们想尚不及林业的重要。因沿途所历的山岭，大都叠山濯濯，若于其上，栽植桐树，或其他适合风土的树种，数年之后，林木成荫，获利定不薄，不待预■矣。关于农业，因沿途尽山，欲谋大量的发展，自不可能。然原有土地问题的改良，生产技术的改善，度量衡（包括币制）的统一，亟待改革。若地方当局能加注意，则生产力当可提高，民困可解矣。且沿途山坡的土质，极适宜于果树的生长，设当地主官能提倡种植或强迫居民栽种，将来交通方便，固可以推销境外，使农民之收益日增。就退步言，农民本身亦可用之作副食品。以上种种累见，是否可行，尚有待详细考察而决定。

我们此次在旅途中所得的见闻，当然算不得珍贵，因时间关系，各种调查，又未能重复行之，错误及挂漏者，自亦难免，谨以至诚，希诸读者原谅与指正！

（廖哲文　孙方　文；廖惠芳　整理）

基于民国档案的国立北平大学农学院西迁合组[①]

摘要：基于西北联大档案，梳理国立北平大学农学院西迁入陕的历史线索。北平大学西迁长安的酝酿始于 1935 年 12 月 28 日陕西省政府与北平大学的接洽，是国立北平大学最终迁陕、永留西北、被国立西北大学整建制继承的重要序曲；国立北平大学的结束非在七七事变，而是在 1939 年 8 月 8 日。地处后稷教民稼穑之地的国立西北农林专科学校与地处我国沿海发达地区的国立北平大学农学院－国立西北联合大学农学院的合组，标志着古代中华农业文明与现代农业文明的一次重要交集，尤其是其扎根西北、融汇世界教育思想和办学抱负的形成，是兴学强国的宝贵精神财富。

关键词：国立西北农林专科学校；国立北平大学农学院；国立西安临时大学农学院；国立西北联合大学农学院；国立西北农学院

我国向以农立国，以重农著称，农为国本，民以食为天，农业高等教育亦为国黉国脉所系。因此，清光绪三十四年（1908）在京城北京创建的我国近代历史上的第一所农科大学——京师农科大学（相继为北京农业专门学校、国立北京农业大学、国立北平大学农学院）与 1934 年在后稷教民稼穑地、我国古代农业发祥地武功创建的国立西北农林专科学校，经由国立西安临时大学农学院、国立西北联合大学农学院，合组为国立西北农学院的历史过程，的确具有非同寻常的历史意义。它是地处我国沿海发达地区与地处西北偏远地区现代农业文明与古代中华农业文明的一次重要交汇。

地处黄河流域的陕西，向称中华文明的摇篮，也是我国农业的发祥地之一。自古以来，就有神农氏炎帝在宝鸡姜水一带尝百草、黄帝游牧和农耕于黄河上下、后稷教民稼穑于有邰（今陕西武功一带）的传说。然而，发源于京师的北平大学农学院得地利之先，吸取西方现代农业科学技术改造中国传统农业，形成现代农学高等教育高地。全面抗战的机缘使二者有了一次重要融合。1937 年合组之初，国立西安临时大学农学院和文理学院生物系即有迁武功与西北农专合处办学的计划，直到 1939 年 4 月两校最后合组为国立西北农学院，平大农学院从此永留西北，成为西北开发、民族复兴的一支重要力量。

有关国立北平大学西迁的研究，向称薄弱，仅见有中国农业大学、西北大学的史料整理和零星研究工作。本文拟从七七事变之前陕西省政府与国立北平大学洽商西迁、国立北平大学结束的时间下限、在西北联大合中有分的独立身份、国立西北农学院的合组等视角展开。

---

①2021 年度陕西省哲学社会科学重大理论与现实问题研究项目“三次西迁与陕西高等教育的百年发展历程研究”（项目编号：2021ND0359），教育部人文社会科学研究青年基金西部和边疆地区项目“西北联大亲历者的口述史料整理与研究”(项目编号 :21XJC880007)，西安市社科规划基金项目“西安地区高等教育发展中的三次西迁及其爱国主义精神研究”（项目编号：ZX114）的阶段性成果。

1. 奉令西迁：临大 – 联大中的平大农学院

抗战全面爆发后，国立北平大学（以下简称“平大”）、国立北平师范大学、国立北洋工学院、河北省立女子师范学院西迁古都长安，奉令合组为国立西安临时大学（以下简称“临大”）。临大农学院在西安时设于西安通济坊，与法商学院、医学院和教育系、生物系、地理系同在一地。承平大之旧，分农学、林学、农业化学、农艺、农业生物、农业经济 6 学系（后 3 系仅有四年级），临大开学后，缩编为农学、林学、农业化学 3 系，有学生 133 人。周建侯教授任院长（表 1）。

表 1　国立西安临时大学农学院教员一览表（截至 1938 年 1 月 10 日）

西安临大农学院			
职务	姓名	别号	住址
院长	周建侯		
农学系			
主任	汪厥明		西安西京招待所
教授	易希陶	少屏	西安金城别墅
教授	夏树人	德甫	西安北京饭店
教授	姚　鋈	天沃	西安北京饭店
教授	陆建勋	暨澄	西安西京招待所
教授	李秉权	正喧	西安北大街二府街六十六号
专任讲师	苏麟江	尚皓	西安青年会
专任讲师	季士俨	若思	西安北京饭店
讲师	陈蓝田	秀夫	第三院
讲师	王金钹	相伯	西安东北大学内
讲师	沈文辅	支仁	西安甜水井七十九号
专任讲师	舒联莹		西安金城别墅
讲师	刘钟瑞		西安陕西省水利局内
助教	昝维廉	节民	西安通济坊宿舍
助教	王淑贞		西安金城别墅
农场技士	郑子久	恒寿	西安通济坊宿舍
林学系			
主任兼教授	贾成章	佛生	西安崇礼路二十三号
教授	殷良弼	梦赉	西安北大街新新大旅社
教授	周　桢	邦垣	西安北京饭店

续表

教授	王　正	义路	西安北京饭店
助教	江福利	秋白	西安临大第三院
助教	范济舟	及舟	西安临大第三院
技士	王　战	义士	西安临大第三院
农业化学系			
教授兼代主任	刘伯文		西安金城别墅
教授	陈朝玉	润山	西安青年会
教授	王志鹄	思九	西安北关八十号同泰花行
教授	虞宏正	叔毅	西安西京招待所
副教授	罗登义	绍元	西安青年会
助教	王来珍	献堂	西安临大第三院
助教	罗元熙	页凡	西安临大第三院

1938 年 2 月 14 日再增补：农学系教授王益滔，住西安通济中坊七号；农学系专任讲施有光；农学系助教靳尚忠；兼林学系副教授郁士元，住梁府街 32 号；林学系讲师段兆麟，住西门外南油巷 11 号；林学系、医学院专任讲师齐植朵，住第二院（今西北大学太白校区，原聘为数学系助教）。

1938 年 4 月 2 日，国立西安临时大学改称国立西北联合大学，农学院随校迁汉中，设于沔县（今勉县）武侯祠。三系未变。周建侯教授继续任院长。教授新增姚鋈等。1936 年至 1937 年，北平大学共有 283 名毕业生，按照 1938 年 5 月 3 日联大常务委员会第 27 次会议决议，由原三校院发给毕业证书。其中，1938 年毕业的学生为 138 名，农学院的毕业生为 40 名。1939 年原北平大学的毕业生为 145 名，其中农学院的毕业生为 32 名。

北平大学农学院二十七年度、二十八年度在国立西北联大的毕业生①

二十七年度毕业生为 138 名，农学院为 40 名

李兴邦　卞世福　熊志奇　郭咸亨　党鸿达　户先哲　盛洪泽　李繁仁　董国昌　李毅民
尚仰震　吴焕斌　刘希学　张　愚　孙　方　李经培　燕天爵　赵凤岭　刘士魁　李光汉
李承先　李　琨　乔国庆　陈青莲　尹　晋　吕锡祥　于　广　孙尔寿　卜宪基　牛汝梅
胡占魁　卢运乾　骆胜骊　王乐恺　张恩泽　杨龙兴　徐观梅　邱青泽　张鲁智　程增杰

① 据北京农业大学校史资料征集小组 . 北京农业大学校史［M］. 北京：北京农业大学出版社，1990. 北平大学在离开北平这两年期间共有 283 名毕业生，按照 1938 年 5 月 3 日联大常务委员会第二十七次会议决议，“由原三校院发给毕业证书”。在毕业证边上盖有“第四学年在西北联合大学上课”的一长条小印章。1940 年以后各届毕业生，以西北农学院名义颁发毕业证。其中徐观梅为女生。

二十八年度毕业生为 145 名，农学院为 32 名

王敬燮　朱　桓　余　麟　李元三　邱　怀　何代昌　周俊卿　茅乃纬　张震乾　张义冠
郭可诂　杨月殿　杨叔栽　廖哲文　谷耀宇　宋华岫　沙荫昌　孙麟符　盛　勋　张承任
王鸿祺　田成上　胡光烈　席承藩　曾永淦　嵇绳武　景丰龄　傅徽第　贾立德　诸燮亮
徐　帆　周鸣铮

1939 年 5 月 15 日出版的《西北联大校刊》16 期载有“应行毕业各生志愿请领国立北平大学毕业证书办法”（图 1）。此办法经 1939 年 3 月 30 日举行的西北联大第六十七次常务委员会会议通过，要求志愿请领国立北平大学毕业证书的学生须具备以下条件：一是须为教育部分发或经本校核准之借读生、试读生或转学生；二是须呈交原校之成绩单；三是须本校训导处评定其操行在乙等以上者；四是须未经其原校开除或曾受记过之处分者。这些条件除附相应证明之外，还要“备文呈请平大办事处审核”。

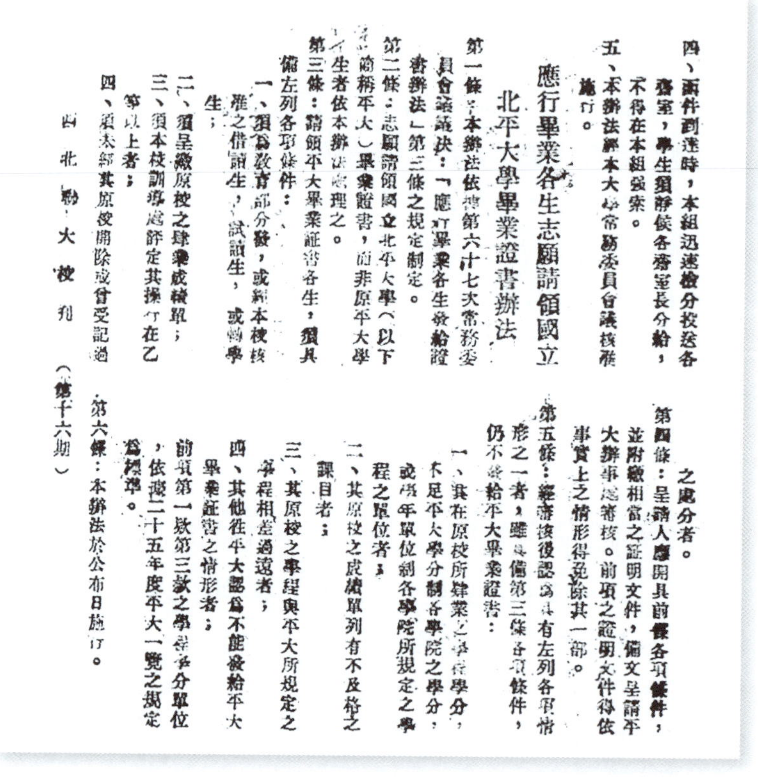
四、函件到達時，本組迅速檢分校送各齋室，學生須靜候各齋室長分給，不得在本組索。
五、本辦法經本大學常務委員會議核准施行。

應行畢業各生志願請領國立北平大學畢業證書辦法

第一條：本辦法依據第六十七次常務委員會議議決：「應行畢業各生發給證書辦法」第三條之規定制定。
第二條：志願請領國立北平大學（以下簡稱平大）畢業證書，而非原平大學生者依本辦法處理之。
第三條：請領平大畢業證書各生，須具備左列各項條件：
一、須爲教育部分發，或經本校核准之借讀生，試讀生，或轉學生；
二、須呈繳原校之肄業成績單；
三、須本校訓導處評定其操行在乙等以上者；
四、須未經其原校開除或曾受記過之處分者。
第四條：呈請人應開具前條各項條件，並附繳相當之證明文件，備文呈請平大辦事處審核。前項之證明文件得依事實上之情形得免除其一部。
第五條：經審核後認爲具有左列各項情形之一者，雖具備第三條各項條件，仍不發給平大畢業證書：
一、其在原校所肄業之學程學分，不足平大學分制各學院之學分，或學年單位制各學院所規定之學程之單位者；
二、其原校之成績單列有不及格之課目者；
三、其原校之學程與平大所規定之學程相差過遠者；
四、其他經平大認爲不能發給平大畢業證書之情形者；
前項第一款第三款之學程學分單位，依照二十五年度平大一覽之規定爲標準。
第六條：本辦法於公布日施行。

西北聯大校刊（第十六期）

图 1 《西北联大校刊》第 16 期载《应行毕业各生志愿请领国立北平大学毕业证书办法》（1939-05-15 出版）

即便如此，还有更严格的规定，虽然具备以上四条规定，但不具备以下条件者，仍不能发给北平大学毕业证：一是其在原校肄业之学程、学分不足平大学分制各学院所规定之学程之单位者；二是其原校之成绩单列有不及格之科目者；三是其原校之学程与平大所规定之学程相差过远者；四是其他平大认为不能发给平大毕业证书之情形者。其他不清晰者则以《二十五年度国立北平大学一览》之规定为准。这也就是说，虽然处于战争年代颠沛流离的状态，北平大学迁陕各学院仍旧按在北平时期的教学制度办学，办学标准丝毫未降低。如同徐诵明校长所说："洵为国家百年教育至计""以在抗战时期战区内教授、学生不应失教失学，并当训练各种专门人才，以应国家非常之需要""庶不使学生因数量之增加致素质之降落，影响学风殊失教育意义，总之战时教育，不应邃失平时教育模型。至于应付抗战与国防之特殊知识与技术，自当随时因势利导，以冀收标本兼顾、相得益彰之效"。[①]

2. 合中有分：联大中的平大

1）北平大学校长身份的频繁使用

1937 年 9 月 13 日，教育部长王世杰告知于右任院长，在李书华常委未到任的情况下，聘监察使出身的"童冠贤为筹备委员会常委""兼主持筹委会各种事项之执行"。1937 年 10 月 11 日，教育部正式聘任童冠贤为常务委员。这就与"长沙临大组织不相同"，遂致三位校院长出身的徐诵明（国立北平大学校长）、李蒸（国立北平师范大学校长）、李书田（国立北洋工学院院长）三常委向教育部王世杰部长请辞（见下文）。

教育部王部长钧鉴：

顷奉大部训令，颁发西安临时大学筹备委员会组织规程并指定童冠贤为常务委员兼主持筹委会各种事项之执行，均谨奉悉。校院长等奉命来陕合组临时大学，原为收容三校院学生，培植人才，奠复兴国家民族之基。到陕以来，竭力筹划，愧少贡献，今幸大部指派专人担负全责，既视前令组织加密且与长沙临大组织亦不相同，校院长三人至今以后无能为役校院长等，应即日电请辞去西安临时大学筹备委员会委员兼常务委员及原三校院长职务，敬祈鉴察并即派员接替，以重职守。

徐诵明　李　蒸　李书田　令叩巧

中华民国二十六年十月十八日

其中"原为收容三校院学生""校院长三人至今以后无能为役校院长""电请辞去……原三校院长职务"的表述，均表明国立西安临时大学成立伊始，徐诵明、李蒸、李书田三人的国立北平大学校长、国立北平师范大学校长、国立北洋工学院院长的身份就获教育部确认，并以分别代表三院校的原则，出任常委。

1937 年 10 月 26 日，三人未理会教育部长王世杰的解释和挽留，复向行政院蒋介石院长提起再次辞职：

南京行政院蒋院长钧鉴：

暴日入寇，平津沦陷，校院长等间道南来，奉教育部令将北平研究院、北平大学、师范大学及北洋工学院迁移西安合组临时大学。部聘校院长等为筹委会委员兼常委，另派童冠贤为秘书主任，遵即来陕，积极筹划，粗具端倪。原冀集合平津各校院学生加紧训练，奠复兴国家民族之基，巧日忽奉教部令函，取消李书华筹委会常委职务，改派童冠贤为常委兼主持筹委会各种事项之执行，更

① 西安临时大学筹备委员会童冠贤、李蒸、徐诵明、陈剑翛、李书田．呈教育部函．国立西北大学档案，67-5-292，西安：陕西省档案馆，1937-11-06.

特订规程多方牵制，与长沙临大组织迥不相同，此间校舍、校具百端草创，原有学生及请求借读学生数近千人，定于十一月一日开学。今既蒙教部改派专员担负全责，主持校务，校院长三人自今以后，深愧素餐，无能为役，不得已电陈教育部，恳请辞去平大、师大及北洋工学院校院长原职，并西安临大筹委会委员兼常委职务，谨电呈明，敬祈鉴察。

代理国立北平大学校长徐诵明　国立北平师范大学校长李蒸　北洋工学院院长李书田仝叩效印

中华民国二十六年十月廿六日

其中，“教育部令将北平研究院、北平大学、师范大学及北洋工学院迁移西安合组临时大学。部聘校院长等为筹委会委员兼常委”“恳请辞去平大、师大及北洋工学院校院长原职”，以及“代理国立北平大学校长徐诵明、国立北平师范大学校长李蒸、北洋工学院院长李书田”的署名，均明白无误地表明国立北平大学等三校院结束的时间下限，绝不在“七七事变”之前，而应该在西北联大结束之后。

2）文件、校歌中的平大和“国立北平大学办事处”的设立

1937 年 9 月 10 日的教育部第 16696 号令即有“以北平大学、北平师范大学、北洋工学院和北平研究院等院校为基干，设立西安临时大学。”① 国民政府行政院第 350 次会议通过之《平津沪战区专科以上学校整理方案》提出：“国立北平大学、国立北平师范大学及国立北洋工学院，原合并成西安临时大学，现为发展西北高等教育，提高边省文化起见，拟令该校各学院向陕甘一带移布，并改称国立西北联合大学。”

1937 年 10 月 18 日，国立西安临时大学致教育部公函中有“值此抗战期间，交通阻塞，图书仪器等项，无从购备。现除将北洋工学院所存天津一部分图书仪器，及北平大学、师 范大学寄存外国商行一部分仪器、设法起运来陕外，尚不敷甚巨，拟请钧部转令武汉大学、中央大学、湖南大学等校，商借各科系需用之图书复本，以及多余仪器一部分，暂资应用。”②

西北联大校歌中的“并序连黉，卌载燕都迴”“联辉合耀”“文理导愚蒙，政法倡忠勇，师资树人表，实业拯民穷，健体明医弱者雄”将平津三校联合、立足秦陇的文化使命，以及文理、法商、教育、农、工、医六大学院的办学目标等做了高度概括。

这份标明“国立北平大学办事处公用笺”（图 2）即表明，即便在 1938 年，原国立北平大学工学院已经并入国立西北工学院之后，“国立北平大学”仍旧存在，并以此名义为原北平大学工学院电机工程学系一年级学生余义焜因父亲病逝、无恒产，休学一年后再续休一年一事致函国立西北工学院，商请准予保留学籍。

① 国民政府教育部令（二十六年第 16696 号），1937-09-10.

② 西安临时大学筹备委员会呈教育部(高壹 26 第 21770),教育部高等教育司中华民国二十六年十月十八日收到，文号编为：高壹 26 第 21770。

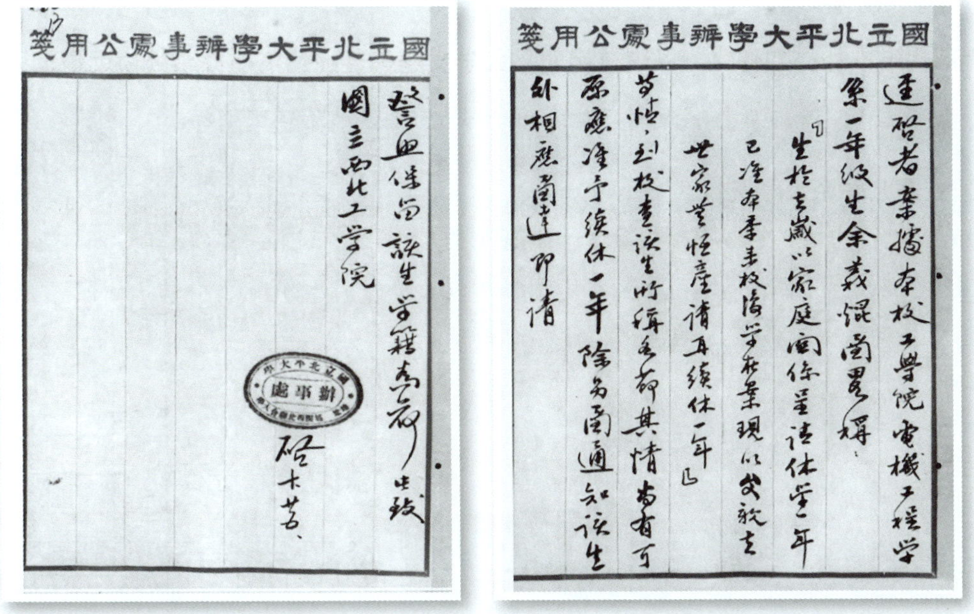
國立北平大學辦事處公用箋

國立北平大學辦事處公用箋

图 2 组成国立西安临时大学—国立西北联合大学的前身学校国立北平大学办事处公用笺

3）战后平大的身份

在 1938 年和 1947 年，教育部两次要求呈报抗战损失后，西北联大前身和后继院校国立西北五校均按要求分别呈送有关报表和介绍。国立北平大学报送的材料表明：在卢沟桥事变后，北平大学农学院即被敌军摧毁，八月间敌军进北平城，各学院又被敌军占用，除农学院大部房舍及农林场设备已被暴敌损毁及摧残外，其余各学院所有家具图书仪器，多被盗劫，而就以法商、工两学院损失为最甚。八月中旬，敌军南城警备司令部占据和平门外本校文理学院，敌军山之内航空部队占据石驸马大街本校文学院，教职员、学生、校工，纷纷逃避。校工有在校门外观望者，竟至触怒寇军，立加逮捕绑缚，欲予枪毙，几经交涉，始得释放。对于校中什物，任意破坏或升火为炊或遗弃满地，并运走物理系无线电机。即学生私人书籍、行李之存置学校库房者，亦横遭抢劫盗卖。日寇对于北平文化教育机关，为更进一步之摧残，收买汉奸，组织为中等学校师资肄习所，施行奴化教育。大学图书，价值 185 977 元，仪器标本模型机器价值 297 661 元，附属中学图书仪器价值 38 333 元，附属小学图书仪器价值 8 500 元。大学本部及附中、附小，校址校舍价值共约 50 万元。

1939 年 3 月，教育部就北平大学文卷在绕道越南海防运送途中丢失一事，知照西北联大，也表明西北联大时期“北平大学”的同时存在。

教育部代电准外交部咨复，以该校运北平大学文卷等件业饬海防办事处协助电仰知照[①]

（中华民国二十八年三月，发字第 6742 号）

南郑国立西北联合大学览：

查前据该校呈请转咨外交部迅饬海防总领事于严庆炤运文卷等件到海防时，予以协助等情。当经咨转在案。兹准外交部咨，略开：查本部于海防设有办事处，派有领事驻扎该地。除已令饬该办事处届时予以协助外，复请查照等由。合行电仰知照。

教育部俭印

中华民国二十八年三月

附件：严庆炤给校长的函

“国立北平大学”字眼最后出现在教育部公文，是在 1939 年 11 月 13 日教育部黄德馨协助办理国立西北联合大学结束事务的报告之中。

协助办理前国立西北联合大学结束情形由[②]

案奉

钧部国丙 9 字第 23370 号密令，略开前国立西北联合大学改组，由国立西北大学、西北师范学院、西北医学院分别接收，饬前往协助办理接收事宜，并查明前北平大学、师范大学之存款及存储地点，具报核办等因。事此，遵即驰抵城固，分别办理。兹谨报告如次。

（一）西北大学等三校院接收前西北联大情形

查国立西北大学、西北师范学院、西北医学院曾于九月十八日开联席会议一次，商讨接收前西北联合大学事宜，关于分配原则及办法有所决定（附原记录一份），但因联大图书组债务与移交图书，本为两事，不能混为一谈，唯前西北联大经常费亏空将逾 10 万元以上，实无力清偿。此项书债为顾全事实计，西北大学提出书债由分得图书之各校院负责偿还之意见。经职向各方商洽，均可同意。于十一月六日各校院开第二次联席会议，议决分配图书及解决债务之办法（附记录一份），按照先后决定之原则及办法实行分配，当无问题。唯前西北联大图书组主任何日章现因赴西安，俟其返回后，始可整理图书，开出清单，分别移交。

前西北联大由筹办起，至结束止，除筹备费 3 万元已造报外，经常费均未报销。职抵此后，据前常委胡庶华云，联大亏空在 10 万以上，庚款补助费、救国公债、飞机捐、所得税，均有挪用，但支出之确实数目，常委与会计主任均不知之。经职再四催促结算，前会计主任苏雅农于

① 国立西北联合大学于中华民国二十八年四月十日收到此电。收文编为聘 212 第 356 号，有常委徐诵明、李蒸的签字。此电表明，1937 年全面抗战爆发后，北平大学奉命西迁运送的文卷，直到 1939 年 8 月仍辗转于途中。

② 黄德馨 . 协助办理前国立西北联合大学结束情形由（1939-11-13）. 西北联合大学改组由国立西北大学西北师范学院西北医学院接收前北平大学遗失印信公物收支计算书查处情形，三十九年三月二十号，存中国第二历史档案馆。

十一月十一日始造出由二十六年九月份起至二十八年十月份止全部收支对照表（原表附后）。由此表可知：

（1）经常经费超支数为 119 540.86 元。其中，最大部分系二十八年一月至八月超支，计达 11 万余元。据苏前主任云，暂付款约可收回 1/3，计 6 400 余元，代家政系所付薪水，可收回 5 300 余元，实超支 107 800 余元。

（2）救国公债 18 000 余元，飞机捐 27 000 余元，所得税 7 900 余元，均被挪用。

（3）开办费，即庚款补助费挪用 57 000 余元。

（4）贷金支付数较领得数超过 12 164.79 元。

（5）二十七年度建筑专款被挪用 21 000 余元。

此项经常费亏空之款，自应设法弥补：

（1）二十七年度财政部扣发该校岁入款 27 000 元，实际收入只 3 300 余元，二十八年一月至八月共扣发 55 920 元，实收不过 2 000 元，故尚应补发 77 600 余元，似应由该校赶速造送收入计算书，呈请如数补发。

（2）借入款 20 500 元中，包括前北平大学 9 000 元，前北平师范大学 8 500 元，家政系 3 000 元，前平大、师大之借款，似可不还。

（3）不足之一万二三千元，似可将修缮费及设备费，分别移拨一部分于二十七年度建设专款及庚款补助费内报销，以资弥补。

（4）垫付农学院之 13 000 余元，似应由该院如数归还。

（5）贷金超过之 12 000 余元，似可由此次部发该三校院 60 000 元贷金内拨还或另行拨发归垫。

如按上述各点办理，则经常费亏空问题即可解决，挪用之款可以归垫分别缴解。

……

（三）前北平大学存款情形

职于十月二十九日抵城固，前北平大学校长徐诵明已赴重庆，未曾晤见。据该校会计吕士珍报告，其所经管账簿收支情形，计收入 272 421.90 元，支出 264 923.46 元，结存 7 498.44 元，原表附后。所列收支数目，根据吕士珍之流水账簿核算尚符汇平之 16.7 万余元。据前不久于北平来城固之该校前会计组职员李汉堃云："二十六年七月份经费 11 万元汇平后，即转发各学院具领，以后陆续汇到之 5 万余元，均分发留平教职员，所有单据账簿，现均存北平，无法带出。"并谓："二十五年度簿据书表等，原分存北平东交民巷中法工商银行、德华银行，及西什库法国教堂。其存于法国教堂之部分，已被倭伪宪警抄扣。"汇蓉之 4.25 万元，据吕士珍之流水账，有 3 万元系汇存成都中央银行 1 万元，汇存成都中国银行，其余 2 500 元系驻蓉办事处经费，但吕士珍云："此项汇存银行之 4 万元，徐校长曾否取用，则不得而知。"补发八月份四成薪及救济金 180 00 余元中，有 3 360 余元系借还教职飞机捐，该校所收飞机捐并未列收，而由经费中借还，自属不合，发还学生保证金 2 000 余元应在所收保证金项下付还，不能由经常费中支付，究竟以前所收保证金若干，存于何处，均不知之。毕业生借川资 2 000 余元，垫支教授会旅费 5 000 余元，均非实际开支，应可收回。校院借支 9 000 元，系前西北联大借用，暂付款 3 200 元，系平大教职员合购汽车一辆，抵借之款。据吕士珍云，此款即可收回。吕士珍经管结存之款有 7 448.67 元，存于南郑中央银行，系用国立北平大学名义，至该校二十五年度收支情形及汇平16万余元实际支用数目，因账簿均不在此，无法盘查，究竟有何余款，未便臆断。

事令前因，理合将遵办情形具文呈报，仰祈

钧鉴核办。谨呈

部、次长

职　黄德馨　谨呈

中华民国二十八年十一月十三日

这份报告表明北平大学在并为临大－联大时期仍有自己的单独存款。同时表明国立西北大学、国立西北医学院、国立西北师范学院接收西北联大的经费划分情况。北平大学“二十五年度簿据书表分存北平东交民巷中法工商银行、德华银行，及西什库法国教堂之部分，已被倭伪宪警抄扣”，以及后来将部分存款“汇存成都中央银行、中国银行”，并在成都设“北平大学驻蓉办事处”等记载，均表明北平大学、西北联大既联合，又分立的独特运行体制。西北联大曾垫付农学院13 000余元的记载，表明当时农学院在汉中时也常有较大规模的教学或建设活动。黄德馨关于“职于（二十八年）十月二十九日抵城固，前北平大学校长徐诵明已赴重庆，未曾晤见”的记载表明，国立北平大学校长徐诵明最迟在1939年7月19日主持西北联大常务委员会第八十二次会议之后，和1939年10月29日之前，拒绝出任国立西北医学院院长职，离开汉中迁往重庆接受审查和担任教育部医学教育委员会驻会常务委员虚职。

至此，国立北平大学整建制永留西北，文、理、法商三学院为西大（今西北大学）所继承，工学院、农学院、医学院，分别为西工、西农（今西北农林科技大学）、西医（今西安交通大学医学部）所继承，其中文理学院、法商学院、医学院整建制地被西大和西医所继承。

3. 再度联合：联大农学院与西北农专的合组

1）北平大学西迁长安的酝酿始于1935年12月28日

时任陕西省政府主席邵力子首先向国民政府行政院提出北平大学迁陕的请求。其原文如下。

行政院关于邵力子请将北平四所大学迁移一所进陕致教育部函①

（笺函　第二九八号）

奉院长谕：

陕西省政府邵主席函陈　西北教育依然落后，北平一隅，国立大学居四所之多，请酌迁一所入陕，即以旧有图书、仪器教材作新校基础一案，应交教育部统筹办理，等因。相应抄同原件，函达查照。此致

教育部

计抄送原函一件

---

① 行政院关于邵力子请将北平四所大学迁移一所进陕致教育部函（笺函 第二九八号）民国档案，中国第二历史档案馆。

中华民国二十五年一月

附邵力子函

院长钧鉴：敬呈者：西北自中央主持开发以来，物质建设成就渐显，惟教育一端依然落后，诚以陕甘宁青新等省，人口总数在二千万以上，乃竟无一所大学作高深之培养，实不足以应事实上之需要。前者五全大会有筹设西北大学之建议，西北人士同声欣喜，盼其实现，期望之殷，可以想见。第兹事体大，须有充分之设备，复须有相当之教才。衡以中央财政现况，恐难点正多，窃谓与其另创新基，不如利用故物。查北平一隅，国立大学居四所之多，实嫌供过于求，似可酌迁一所入陕，易名西北大学，即以旧有图书、仪器、教材作新校基础，中央但筹购地暨建筑校舍之费，预计为数不过一百万元左右，如财力艰难尚可分期拨给。以此办法全国学区既免畸形畸重之弊，西北方面亦省另起炉灶之劳，一举两利，莫过于此。复查北平大学现有农、工、医、法商及女子文理等五学院，学生共一千五百余人，教授百余人，机器、仪器、标本、书籍等约值三百万元，规模素称完备，以该校环境论，迁移西北尤为适宜。如蒙谕允，拟请钧座令饬教育部，就此项原则与该校徐校长妥商详细办法，逐步进行。除迳函王部长外，谨此奉陈，伏乞裁夺。即颂崇安。

职　邵力子　手启（印）

中华民国二十四年十二月二十八日

紧接着，邵力子又与国立北洋工学院院长李书田洽商迁陕事宜[①]，并向国民政府行政院提出国立北洋工学院迁陕的建议。

行政院关于邵力子提议将国立北洋工学院西移事致教育部笺函

（笺函第三二九号　中华民国二十五年一月三日）

奉院长谕：陕西省政府邵主席函陈已接国立北洋工学院院长李书田函，拟将该院西移，为西北大学之基本。详核所拟计划，颇为赞同，该院与北平大学其他各学院自无重复，唯平大亦有工学院，是否该院一并迁陕，请统筹办理，并赐复，等情。应交教育部统筹办理，等因。相应抄同原件，函达查照。

此致

教育部

计抄送原函一件。

院长钧鉴：顷接国立北洋工学院院长李书田函，以此次五中全会有设立国立西北大学之提案，拟将该学院移至西安，以为西北大学之基本，并附意见书一份。详核所拟计划，颇为赞同，惟职日前曾上书请以北平大学迁陕改为西北大学，谅邀钧鉴。北洋工学院只工学一部分，与平大其他各学院自无重复，唯平大亦有工学院，是否该院一并迁陕，尚祈钧裁，统筹办理，并赐示复，不胜盼

① 行政院关于邵力子提议将国立北洋工学院西移事致教育部笺函（笺函第三二九号　中华民国二十五年一月三日），民国档案，中国第二历史档案馆。

祷。肃此。祇请钧安。

职　邵力子　谨启（印）

一月三日

（民国档案，中国第二历史档案馆）

就此，邵力子与徐诵明、李书田曾“妥商详细办法，逐步进行”。徐诵明曾派农学院院长刘运筹抵陕考察，但陕西地方财政拮据，仅能提供校舍，不能提供经费支持，遂暂时搁置。

关于北平大学迁陕和北洋工学院迁陕的两个建议，共同的理由和目标是：一是西北教育一端依然落后，诚以陕甘宁青新等省，人口总数在 2 000 万以上，乃竟无一所大学作高深之培养，实不足以应事实上之需要；二是北平大学现有农、工、医、法商及女子文理等五学院，学生共 1 500 余人，教授百余人，规模素称完备，以该校环境论，迁移西北尤为适宜；三是北平一隅，国立大学居四所之多，实嫌供过于求，全国学区有畸形畸重之弊，应该纠正大学区域分布上重床叠屋式的畸形分布；四是两个建议的共同目标是“以北平大学迁陕改为西北大学”，将北洋工学院“移至西安，以为西北大学之基本”，并特别提及国民党五中全会通过的“设立国立西北大学之提案”。

这两个建议可以说与 1938 年国民政府行政院第 350 次会议通过的《平津沪地区专科以上学校整理方案》中，关于“国立北平大学、国立北平师范大学及国立北洋工学院，现为发展高等教育起见，拟令该校院逐渐向西北陕甘一带移布”，1939 年 8 月 8 日改国立西北联合大学为国立西北大学，以及先后由平大工学院与他校合组西北工学院、平大农学院与西北农专合组西北农学院、平大医学院独立设置为西北医学院，以致“国立西北五校”最终展布西北的方案高度一致。因此，这不能不说是国立北平大学最终迁陕、永留西北、被国立西北大学整建制继承的重要序曲。

2）教育部于 1938 年 7 月 21 日发出合组训令

1938 年 6 月始议，西北联大农学院与西北农林专科学校合并，合并改组为西北农学院。1938 年 7 月 21 日，教育部首先发出 5942 号训令（见原文）①：

教育部训令

（廿七年发汉教第 5942 号）

令知自下年度起各院系调整办法

查我国国立专科以上学校之设置，过去缺乏一定之计划，故各校地域之分布，与院系之编制，既未能普遍合理，又未尽适合需要。自抗战军兴，各校多迁移后方，师生精神虽能力自振奋，但设备简陋，院系不免重复，实有积极改进之必要。又查中等学校师资，全国尚无专门训练之所，健全师资，极感缺乏。本部兹遵照全国临时代表大会决议并根据实际需要，参酌目前情形，拟定调整国

① 教育部训令（廿七年发汉教第 5942 号），陕西省档案馆，国立西北大学档案　全宗号：67　目录号：5　案卷号：306–1。

立专科以上学校办法，自下年度起该校农、工两学院应与国立西北农林专科学校，国立东北大学工学院及私立焦作工学院，分别合并改组为国立西北农学院，及国立西北工学院，业经电令知照。其教育学院应改为师范学院，并准筹设师范科及医科研究所。除师范学院详细办法应候另令饬遵外，合行令仰知照。此令。

中华民国二十七年七月二十一日

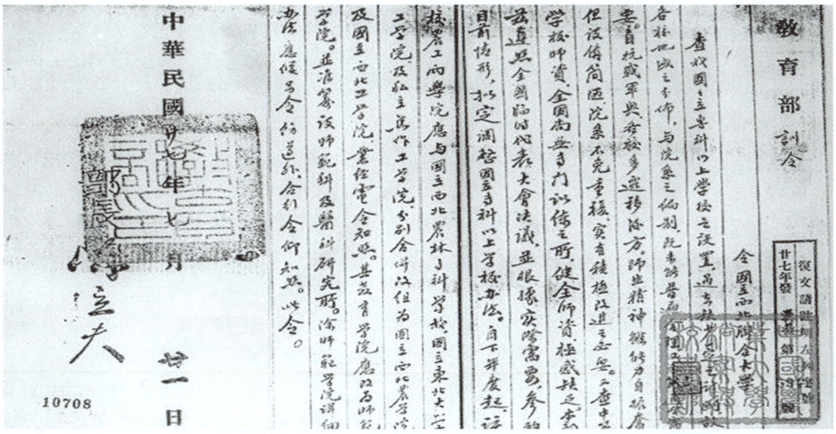
教育部
训令
令国立西北联合大学
中華民國廿七年七月廿一日
10708

图 3　教育部训令（廿七年发汉教第 5942 号）

1938 年 7 月 27 日，国民政府教育部《令发该校工两学院合并改组办法仰遵办由》，“令国立西北联合大学：案查该校工农两学院自廿七年度起与国立东北大学工学院私立焦作工学院及国立西北农林专科学科分别合并改组为国立西北工学院及国立西北农学院，业奉行政院核定电知并分聘李书田、胡庶华、张清涟、雷宝华、王文华等为国立西北工学院筹备委员，辛树帜、曾济宽、周建侯等为国立西北农学院筹备委员，指定李书田为工学院筹备主任，辛树帜为农学院筹备主任各在案。该校工农两院之一切设备用具及学生成绩有关文卷等项均应分别造册移交两筹备委员会点收，原属两院经费亦应自本年度起停发，另由本部发给两院经费之百分之五约计二万元作为津贴该校行政经费之用，除分令外合行抄发两院合并改组办法各一份。”

国立西北联合大学农学院与国立西北农林专科学校合并改组为国立西北农学院办法

（一）经费支配

以西北农专全年实支经常费四斗二万元，拨充西北农学院经费；西北联合大学原有农学院经费计全年实支十万三千六百元，悉数停支。由部酌拨一部分作为改组迁移费及西北联合大学农学院教职员并入西北农学院后之薪水与裁减之教职员生活费之用。

（二）院科编制

国立西北农学院设下列科系：农学、森林学、农业水利学、畜牧兽医学、农业化学五系，设农林学、园艺学及农业经济学三个专修科。各系照章修业年限为四年，专修科肄业年限定为二年。

上列各科系民国二十七年（1938 年）度均招收新生。

国立西北联大农学院原有之农学、森林学及农业化学各系并入西北农学院后继续办理；国立西北农专原有之农艺、森林、园艺、农业经济各组合并后暂行继续办理，至各组学生毕业为止。其一二年级学生愿改入性质相同之学系者，亦得核许之。原有之畜牧兽医及农业水利两组即改为系。

上列各系组之课程性质相同者应斟酌情形合并上课。

西北农专原附设之高职及高中并入西北农学院继续办理。

（三）教职员

国立西北联大农学院及国立西北农林专科学校原任教职员均由国立西北农学院尽量聘用，其名单呈由教育部先行核定。

（四）学生

国立西北联合大学农学院及国立西北农林专科学校之学生完全并入国立西北农学院一致待遇。

（五）院址

国立西北联合大学农学院以国立西北农林专科学校校址为院址。

（六）校院产

国立西北农专之一切校产及文卷等项及西北联大专属于农学院之一切设备文卷等项均完全移交国立西北农学院。

（七）附则

本办法未定事项由教育部随时决定之。

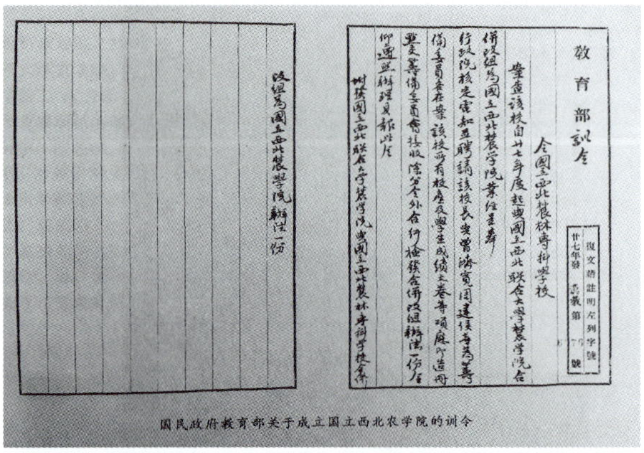
国民政府教育部关于成立国立西北农学院的训令

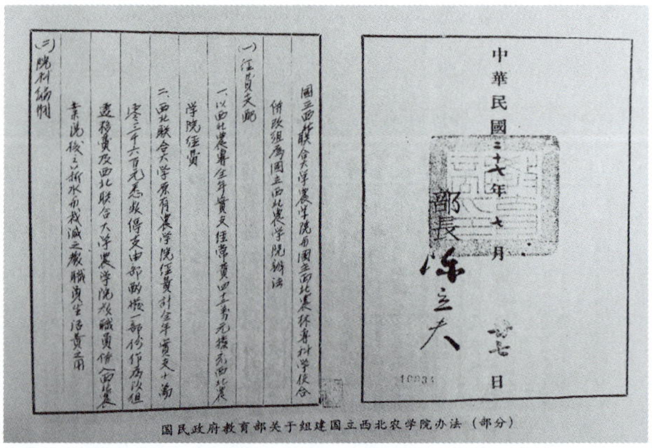
国民政府教育部关于组建国立西北农学院办法（部分）

图 4　教育部训令（廿七年发汉教第 6076 号）

3）对改组的反对之声

1937 至 1939 年，西北联大毕业学生 660 人，仍发给原校证书。其中北平大学 251 人。北平大学校长徐诵明为“国立北平大学 1939 年毕业同学纪念册”所作的序中有。“光复河山，重返北平，不失旧物，此心未尝一日忘也”的说法。这表明北平大学复校北平的愿望从未泯灭。

当工、农两院分别独立设置的消息传出后，工学院先有拟乘机恢复“北洋”之议，原北平大学农学院师生亦觉复校无望，亦起维持现状之议。为此，徐诵明、潘承孝等 59 人“为农工两院教授聘书如不续送恐各教授他往语示”致电教育部，表示反对。

西北联大农学院全体学生亦于1938年7月27日联名呈件《呈请维护西北联合大学组织完整，恳请诸公同心协力据理力争》[①]：

自本大学成立以来，设教西北，启发边陲。当此之时，使命綦重，此所以最高国防会议将本大学改称西北联合大学以重其使命而健其组织也，考其意义盖欲西北之各独立学院、各专科学校次第并入本大学，集中人力财力以共负其使命耳。今教育部电令本大学农学院与武功农专合并改称国立西北农学院，显系与最高国防会议决议案之意旨相左，此应据理力争者一；按国防方针、名流意向高等教育之实施率以综合大学为依归，良以节省经费，便于教学，我国实施以来颇著成效，兹教育部所命显有背于国防方针，失检于实际效果，此应据理力争者二；西北联合大学乃平津三校院合组而成，现虽平津失陷，然吾校尚存西北，而能于最高领袖领导之下，其意义之深何可言喻，况来此者只让平津更坚定抗战之志，滞平津者系念吾校常怀南下之心，故西北联大之高，最高国防会议亦谆谆言其使命也，且以三校历史彪炳全国，当如何获其存在，今而若是，实有失于抗战之意，此应据理力争者三。我西北联合大学既经联合当为一体，徹理任当共负之，联大之荣即三校之荣，联大之辱即三校之辱，昔既联合而负其使命，今背其联合是则联大之蠹，此所以恳诸公同心协力者一；我三校按校址之处在以往历史之光荣以及其在我国所负使命，……大类皆仿佛……之复宜如何图其共存共荣而希于抗战胜利之后重回故土乎。唇齿之意，虞果之迹诸公明哲何待言，此所以恳诸公同心协力者二。

师生们对工、农两院独立的反对，表达三方面的意愿：一是已经认同和接受了“西北联大”的这一联合体的模式，“既联合而负其使命”，它是一个“启发边陲”“使命綦重”“共存共荣”的健全组织”；二是在联大体制内，原四校各发各的毕业证，四校仍然存在，战后复校有望，“希于抗战胜利之后重回故土”。这最后一个意愿，即战后复校，如同李书田的“北洋梦”一样，肯定是最为重要的。

教育部于1938年7月28日回电如下[②]：

国立西北联合大学徐常委诵明潘教授承孝等五十九人均鉴　查本次调整国立各校院系计划系根据全国代表大会之决议及抗战建国综颁之规定，谋全国高等教育机关设置之合理，各校院系之改组均就目前全国实际需要而定，固不能全为一校一院设想。且平大自西迁以来，农工两院设备简陋，不易发展，令与附近院校合并改组成独立学院，使人力物力集中办理，正为充实内容，确立西北农工教育基础之计，对于学生学业教师研究均属有益之举，并非裁撤两院节省经费者可比。改组以后不独两院原有教授尽先聘任，即平津热心教育之学者如能南来亦必设法容纳，不使有失教学机会之感。至北平收复后如有设立两院必要时，仍得照旧设置，此时不勿庸过虑。当此国家多难之秋，本部对于原有国立各校院仍采维持与改进之旨，所望各教授共济时艰，竭尽智虑致力于发展西北教

① 呈请维护西北联合大学组织完整，恳请诸公同心协力据理力争，陕西省档案馆，国立西北大学档案　全宗号：67 目录号：5 案卷号：306–2

② 教育部真电，陕西省档案馆，国立西北大学档案　全宗号：67 目录号：5　案卷号：306–2

育，勿于本部既定方针有所异议，并勿派遣代表来部，以免徒劳往返，是所至盼。

教育部汉真

中华民国廿七年七月廿八日

这里，教育部的意思也很明确：一是工、农两院的分立，是“调整国立各校院系计划和抗战建国纲领”的一部分，其目的是要“谋全国高等教育机关设置之合理”和“确立西北农工教育基础之计”；二是“农工两院设备简陋，不易发展，令与附近院校合并改组成独立学院，使人力物力集中办理”，使其更为充实；三是关于战后复校问题，“至北平收复后如有设立两院必要时，仍得照旧设置，此时不勿庸过虑”。当然，战后的实际情况是，教育部关于“仍采维持”“仍得照旧设置”的承诺并未兑现，北平大学的工、农两院以至全部北平大学并未复校，这是后话。但是，这显然已经从国家层面拉开了“致力于发展西北教育既定方针”和“确立西北农工教育基础之计”的帷幕。

4）筹备初期的一些文档

1938 年 7 月，国立西北联合大学常务委员会、国立西北工学院院长赖琏、尚未正式成立的国立西北农学院筹备委员会，就国立西北联合大学工农两院分出后的经费困难申述如下：

国立西北联合大学、国立西北工学院、国立西北农学院呈教育部

（廿六年第 19126）

事由：会衔呈请转咨财政部补发本校院等二十七年度经费扣除坐支款项由。

查二十七年度本大学经费，原工、农两学院划拨本工学院、本农学院经费，钧部转发财政部发放经费，仍依照前国立北平大学、北平师范大学、北洋工学院二十六年度原报岁入预算每月 6 990.00 元延长扣发。关于此项坐支计分扣本大学 4 573.64 元，本工学院 1 739.78 元，本农学院 676.58 元，共为 6 990.00 元。谨按前各校院原报二十六年度岁入预算，乃须依当时情形预计可能收入之岁入。迨抗战军与各该校院播迁陕省，本大学由各该校院合并改组，情境变迁，实际并无收入可资坐抵。迨本大学原农、工两院分出合并改组为本工学院、本农学院对于该项划拨经费之坐支款项，亦无收入可资坐抵，而本校院等一切开支辄需巨款，俯恳钧部体念本校院等经费困难情形，准予转咨财政部补发二十七年度财政部上项全年度扣发坐支款项。所请是否可行，理合备文呈请鉴核办理。

谨呈

教育部部长陈

国立西北联合大学常务委员

李蒸（签章）、徐诵明（签章）、胡庶华（签章）

国立西北工学院院长

赖琏（签章）

国立西北农学院筹备委员会主任委员

辛树帜（签章）

委员：曾济宽（在假）、周建侯（签章）、张丕介（在假）

中华民国二十七年七月十一日教育部收到

（民国档案，中国第二历史档案馆）

1938 年 10 月 18 日，国立西北农学院筹备委员会向教育部呈送姜寿椿等职员履历表。教育部于 1938 年 11 月 4 日核准（图 5）。

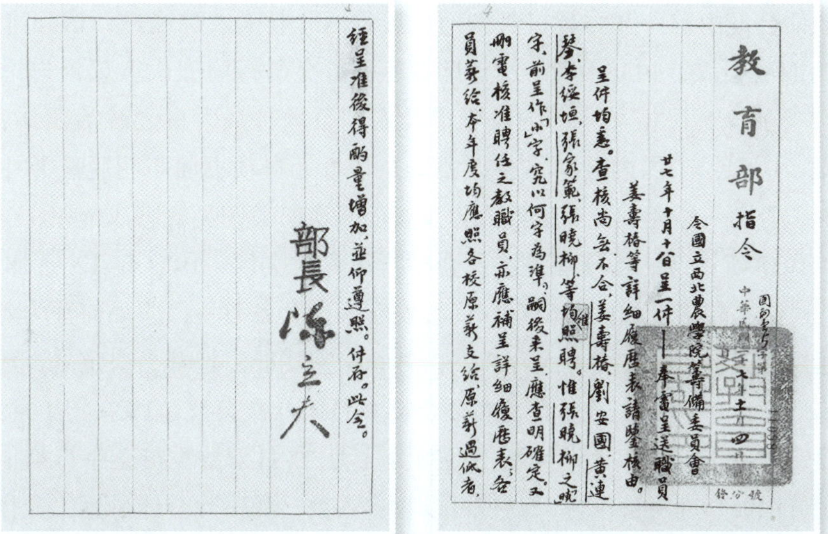
教育部指令

令國立西北農學院籌備委員會

廿七年十月十八日呈一件——為呈送職員姜壽椿等詳細履歷表請鑒核由。

呈件均悉。查核尚無不合，姜壽椿、劉安國、黃連琴、李經嫄、張家範、張曉柳等均照聘。惟張曉柳之晚字前呈作「小」字，究以何字為準，嗣後來呈應查明確定。又刪電核准聘任之教職員，亦應補呈詳細履歷表；令員薪給本年度均應照各校原薪支給，原薪過低者，經呈准後得酌量增加，並仰遵照。件存。此令。

部長 陳立夫

图 5 教育部于 1938 年 11 月 4 日核准国立西北农学院呈送的职员履历表

就在国立西北农学院筹备期间，地处陕南沔县武侯祠的西北联大农学院一度处境尴尬。原西北联大农学院院长周建侯即致函西北联大常委会，要求未正式成立前继续接受西北联大管理，联大则回复继续由院长主持（图 6）。

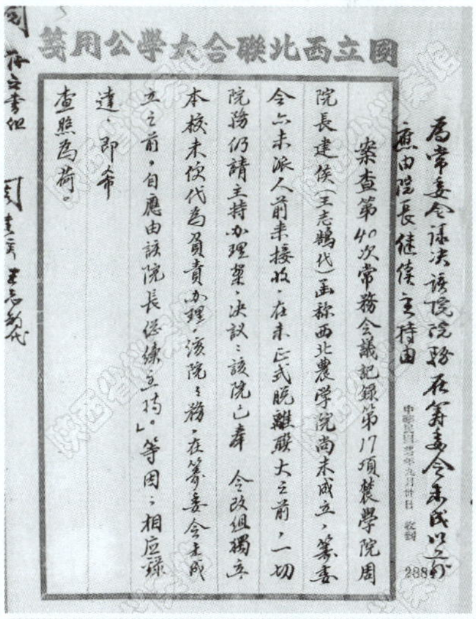
國立西北聯合大學公用箋

爲常委會議決該院院務在籌委會成立以前應由院長繼續主持由

案查第40次常務會議記錄第17項：農學院周院長建侯（王志鵠代）函稱西北農學院尚未成立，籌委會亦未派人前來接收，在未正式脫離大學前，一切院務仍請主持辦理案。決議：該院在未組織成立之前，自應由該院長繼續主持。等因，相應錄達，即希查照爲荷。

图 6 原西北联大农学院院长周建侯在国立西北农学院筹备期间要求未正式成立前继续接受西北联大管理，联大则回复继续由院长主持

1938 年 9 月 20 日，国立西北农学院筹备委员会在成都沙利文大饭店第一次会议，辛树帜、曾济宽、周建侯三人出席。讨论事项有：①除农艺、林学、农业化学、畜牧、农业工程五系已决定设置外，请添设园艺、农业经济、博物病虫害三系；农业经济及园艺二年专科不必设置；②西北农学院经费应如何筹划案，请及时按原有校院经费尽数拨充以便完备以上各学系；③各主要职教员应如何拟定案，确定了各主要职务；④地点，武功为永久地址，沔县仍然保留。[①]

1938 年 11 月 9 日，“西农”筹委会举行第二次会议，讨论对西北联大农学院及西北农专如何接收案。推曾济宽、周建侯二委员及王恭睦先生为接收西北联大农学院委员；推周建侯、

① 国立西北农学院民国档案．国立西北农学院筹备委员会第一次会议记录，1938-09-20，陕西省档案馆．

张丕介二委员及王泛月先生为接收西北农专委员，并派张远荫帮办接收事宜；接收西北联大农学院日期由接收委员决定，接收西北农专由11月10日开始。11月26日，曾济宽委员报告了到沔县接收西北联大农学院经过。1938年12月15日，国立西北农学院筹备委员会向教育部报告了1938年8月至11月底的筹备工作，表明接收重组工作已经大致完成。[①]之后，筹备委员会又举行了10次会议。[②]其中，1938年11月11日国立西北农学院筹备委员会举行第三次会议，讨论新聘教员起薪日期、升级教员薪金，并确定校训拟为“勤朴勇毅”；1938年11月26日，国立西北农学院筹备委员会举行谈话会，由曾济宽委员报告到沔县接收西北联大农院经过；1938年11月29日，筹备委员会举行第四次会议；1938年12月8日筹备委员会举行第五次会议，讨论本院教职员、学生、工警等凡曾参加反三民主义、反国民党以及希图分散抗战力量之政治团体者，应如何办理，命其声明脱离案，应限于一周内分向本会办公室及训育处自动书面声明脱离并在西京日报登报声明脱离经过情形，否则一经考查证明或经人告发查明属实时教职员解聘或解职，学生开除学籍，工警斥退等事项；1938年12月14日筹备委员会举行第六次会议；1938年12月28日筹备委员会举行第七次会议，讨论本院接近战区，虽现状尚称安宁，但防备万一，应如何预为筹划案，议决重要图书仪器及其他校产迁移于较安全地点存放，由处系组室场股主任开会决定之，建议教职员家属于新年后自动设法迁移；1939年1月5日筹备委员会举行第八次会议；1939年1月23日筹备委员会举行第九次会议，讨论本院组织大纲修正；1939年1月27日筹备委员会举行第十次会议，讨论本院驻沔办事各职员积极整理沔县校舍，调查可以收容人数，如不敷全体员生工人住宿之用，应亟待计划简单临时校舍以备不虞案；1939年2月8日筹备委员会第十一次会议；1939年2月17日筹备委员会第十二次会议。

5）正式成立

1939年4月国立西北农学院正式成立。1939年9月，部令调辛树帜赴渝任党政训练班第四期教育人员训练班工作，改聘周伯敏为院长。

1939年改组之初，将西北联大农学院、“农专”、河南大学畜牧系等作了调整，设有农艺学（分为农艺、植物病虫害、农业经济三组）、森林学、农田水利学、畜牧兽医学和农业化学等6系和农业经济专修科。

1941年，国立西北农学院呈准设立农科研究所农田水利科学部并开始招收研究生以后，再提出增设农业化学部及土壤肥料试验场，其中农业化学系就完全继承自北平大学农学院。其呈文中亦有“本院农业化学系，即前北平大学农化系，历史最久，成绩显著，谨拟于该系设置农科研究所农业化学部及土壤肥料试验场”。其全文如下：

---

① 国立西北农学院筹备委员会关于报送工作报告事给教育部的呈字第137号（1938年12月15日），陕西省档案馆，国立西北农学院档案，全宗号：84　目录号：2　案卷号：318永久。

② 国立西北农学院档案，国立西北农学院筹备委员会第一至第十二次会议记录，1938-11-09—1939-02-17陕西省档案馆。

国立西北农学院关于拟增设农科研究所农业化学部及土壤肥料试验场并送计划一份请鉴核一事给教育部的呈文[①]

窃喜农业化学与抗战建国，极为重要。为粮食之增产，人类与动物之营养以及燃料问题等，皆非藉农业化学之途径，多由解决。西北面积甚广，荒地至多，欲增加粮食生产，则在开垦荒地，而开垦荒地，尤非培养农业化学人才不可。本院农业化学系，即前北平大学农化系，历史最久，成绩显著，谨拟于该系设置农科研究所农业化学部及土壤肥料试验场，兹拟具农业化学部及土壤肥料试验场计划各一份，理合随文呈赍。

研究计划：

（甲）土壤调查：就西北各省土壤作详细而有系统之调查。

（乙）水土保持试验：就武功附近坡度较大之地作水土保持试验。

（丙）土壤改良试验：特别注重碱土之改良及利用。

（丁）各种肥料试验：特别注重施肥对作物增产与施之各种试验。

（戊）肥料增产试验：包括植物质肥料为绿肥，人造动物质肥料为骨肥，叶以及细菌肥料如根瘤菌等之增产试验。

（已）解决当地各种土壤肥料方面问题之研究。

4. 京陕两源合流：合并改组后的意义与影响

1）师资力量和水平大幅度提升

国立西北农学院从 1938 年 7 月开始筹备，至 1939 年 6 月不到一年时间，即一次性新到岗教授 39 人、副教授 11 人，小计 50 人。而在国立西北农林专科学校时期，1937 年学校动态在岗教师人数（不计离岗人数）仅有教授 10 人，副教授 6 人，小计 16 人。职员人数不详。

西北联大学农学院与西北农林专科学校合并改组为国立西北农学院后，有 54 名教职员进入新的学院。其中有教授 20 名，副教授 4 名，讲师 2 名，助教 16 名，职员 12 名。[②]

教授：周建侯（教授兼农学系主任、代理农艺组主任、筹备委员会委员、训育委员会委员、出版委员会委员、图书仪器委员会委员、公费生战区贷金生及贫寒服务生资格审查委员会委员、推广委员会委员、经费稽查委员会委员）、贾成章（森林学系教授，兼推广委员会主任委员、训育委员会委员、出版委员会委员、工程委员会委员、购置委员会委员、经费稽查委员会委员）、王志鹄（农业化学系教授、出版委员会委员、图书仪器委员会委员、推广委员会委员、经费稽查委员会委员）、金树章（植物病虫害组主任、出版委员会委员、推广委员会委员）、王正（森林学系教授）、虞宏正（农业化学系教授）、周桢（森林学系教授）、林镕（植物病虫害组教授）、陈朝玉（农业化学系教授）、路葆清（畜牧兽医学系教授、出版委员会委员、经费稽查委员会委员）、罗登义（农业化学系教授）、殷良弼（森林学系教授）、夏树人（园艺学系教授）、谷延麻、李秉权（畜牧兽医学

① 国立西北农学院关于拟增设农科研究所农业化学部及土壤肥料试验场并送计划一份请鉴核一事给教育部的呈文，陕西省档案馆，国立西北农学院档案，全宗号：84　目录号：3　案卷号：121 永久。

② 国立西北农学院民国档案．国立西北农学院教职员名录，1939，陕西省档案馆。

系教授）、姚鋈（农艺系教授）、杨权中（德文教授）、汪厥明、刘伯文、汪德耀。

副教授：苏麟江、段兆麟（植物病虫害组副教授兼注册股主任、推广委员会委员）、季士俨（植物病虫害组副教授）、舒联莹（农艺系副教授）。

讲师：陈兰田（农艺系讲师）、江福利。

助教：王淑贞、靳尚忠、郑子久、李荣堂（农艺系助教）、范济舟、王战（助教兼林场技士）、孙金波（助教兼林场眉县分场技士）、王来珍（农业化学系助教）、李毅民（农业化学系助教兼技士）、李繁仁（农业化学系助教）、李兴邦（森林系助教）、张愚、吴焕斌、闻洪汉（植物病虫害组助教）、王承廉、项润章（植物病虫害组助教）。

职员（含技士等）：李承先、熊志奇、纪人伟、李琨、徐守围、黄世荣、李绥垣、蒋喧寰、张远荫（出纳室事务员）、周稷、于忠、董琴甫。

其中：

虞宏正（1897—1966）教授创立新的化学分支学科——土壤热力学，创建中国科学院生物土壤研究所。他在胶体化学和物理化学方面造诣高深，曾在许多高等院校担任胶体化学、物理化学、热力学和量子化学等课程的教学。他特别重视化学基础理论，并注意用当代化学发展的新成就来充实教学内容。备课时总是先查阅大量资料和期刊，然后融会提炼，一丝不苟地写出讲稿，并善于启发式教学。他所设计制作的“热力学公式转换盘”极受学生欢迎。自入陕以来，他多年给西北大学、西北农学院上课，不分酷暑寒冬，奔走于西安、咸阳与杨陵之间。他一贯重视基础理论研究，从20世纪30年代开始，即致力于热力学和胶体化学的研究。他也十分重视科学研究为国民经济建设服务，结合西北地区特点开展改良土壤的科学研究，为创造新型细菌肥料、微生物固氮、同位素农业、地方病与生化微量元素等边缘学科、交叉学科的发展奠定了基础。他长期专注于胶体化学和物理化学，开创土壤热力学，并创建中科院生物土壤研究所（即现今西北水土保持研究所）。他是我国较早开展胶体化学研究的学者之一，20世纪三四十年代他曾三次到英国、德国、美国等国家著名大学进修胶体化学。20世纪50年代初，与石声汉等合译卡布路考夫的《物理化学与胶体化学》，并建立起胶体化学实验室和同位素实验室。20世纪50年代，虞宏正就指出：“当前国际上土壤学发展迅速，数学、物理学、化学都渗透到土壤科学，形势需要我们向交叉学科迈进。”于是，他提出要建立一个新的化学分支学科——土壤热力学。他亲自组织筹划、拟定研究提纲，介绍国内外热力学在土壤科学中的应用等，为开创“土壤热力学”奠定了良好的基础，对农业发展具有重大促进作用。1954年，他创建中国科学院西北生物土壤研究所，并担任该所首任所长。他建起具有先进设备的实验室，培养出一支从事资源环境研究的科技队伍，取得了一批具有显著经济效益和社会效益的科技成果，曾获13项国家奖励和45项省部级奖励。虞宏正为福建闽侯人。1920年北京大学化学系毕业。1924年起，历任国立北京农业大学、北京师范大学和北平大学农学院教授。1929年，代表中华农学会出席日本农学会年会，并宣读了论文《中国土壤分类》。1936年赴德国莱比锡大学和英国伦敦大学从事胶体化学研究，曾应邀参加德国胶体化学学会。1937年回国后，历任西安临时大学、西北联合大学、西北农学院、西北大学教授。1945年至1947年，先后到英国剑桥大学、美国布乐克林高分子研究所和加州理工学院进修和考察。历任中国科学院西北生物土壤研究所所长、中国科学院西北分院筹委会委员兼陕西分院副院长、陕西省化学会理事长等职。1949 年后历任西北大学教授兼仪器委员会委员、第一、二、三届全国人大代表、中国科学院学部委员等。他亲手创建了中国科学院西北生物土壤研究所（中国科学院水利部水土保持研究所），参加筹备了中国科学院西北分院，参与全国科协及陕西省科协和西安市科协的工作，并为中国化学会的成长、发展、壮大，付出了辛勤的劳动。

林镕（1903—1981），字君范。江苏省丹阳人。1920 年赴法留学，入南锡大学农学院，于 1923 年毕业获农学学士学位和农业技师称号。1924 年入克莱孟大学理学院从事研究工作。1927 年和 1928 年先后获克莱孟大学理学硕士和法国国授理学硕士学位。1928 年入巴黎大学理学院继续深造，1930 年获法国国授理学博士学位。1930 年至 1937 年，任北平大学农学院农业生物系教授，后任系主任，同时兼任北平研究院植物学研究所研究员。1938 年任西安临大 – 西北联大农学院教授。1939—1941 年转任西北农学院教授，并与刘慎谔、辛树帜教授共同筹办了西北植物调查所。1942 年任厦门大学教授，筹建福建省研究院动植物研究所，并任所长。1946 年迁回北平，任北平研究院植物学研究所研究员，并在北平师范大学兼课。新中国成立后，任中国科学院植物分类研究所研究员、副所长、代理所长。1955 年当选为中国科学院学部委员、生物学部副主任，兼任《中国植物志》编辑委员会主编，中国植物学会秘书长、副理事长，北京植物学会理事长，第三届全国人民代表大会代表等。他开拓了中国菌物学和真菌学的研究，奠基中国菊科、旋花科和龙胆科植物系统分类。他是著名植物分类学家。他在开拓和发展我国菊科植物分类的研究上成绩显著，著有《中国植物志》（菊科）三卷册。他是我国较早研究真菌学的科学工作者之一，法国留学期间博士学位论文为《毛霉有性生殖的生物学研究》。归国后，改作种子植物分类研究。1931 年与刘慎谔合著《中国北部植物图志》第一册旋花科，1933 年著成《中国北部植物图志》第二册龙胆科，为开展中国植物区系的研究及植物资源开发利用做出了积极贡献。他发现了菊科的一个新属——重羽菊属（*Diplazoptilon*），描述和探讨了近千种的中国菊科植物，与学生完成《中国植物志》（菊科）三卷册，即《中国植物志》第 74 卷、第 75 卷、第 76 卷第 1 册，并留下许多宝贵的中国菊科文献资料，为后人继续拓展研究打下了坚实的基础。他去世后，学生仍署其为第一作者，出版了《中国植物志（菊科）》三册，即 76 卷第 2 册，77 卷第 2 册，78 卷第 1 册。

汪厥明（1897—1978）创立中国生物统计学。他为著名农学家、作物育种学家、生物统计学家，中国生物统计学的创始人。20 世纪 20 年代，他在国立北京农业大学任教期间，主讲麦作学、育种学、生物统计学及田间试验技术等课程，是国内最早开设生物统计学课程的教授之一。他对生物统计学有独特的研究和见地。当英国的生物统计学权威费歇教授的变量分析法（后称方差分析）在欧美初露头角时，汪厥明首先在国立北京农业大学开始讲授。1934 年，他在北平大学农学院《农学专刊》（1 卷 3 期）发表的《圃场试验误差及其估计理论》，详论农业试验技术基础理论，指出试验机差合理估计法，启我国试验研究应用统计之先河。

其后如《动差、新动差、乘积动差及其相互关系》《机差自由度估算法》及《变方成分分析前提与显著性测验》等，均为近代推测统计学理论发展之基础，有精辟独得的见解，又如《成数统计分析法之研究》在第四次国际生物统计大会宣读，极受重视。1935 年应广西省政府邀请，到广西进行农业考察，返校后曾给全校师生作《两广农业目击谈》的主题报告。1936 年奉派赴欧洲考

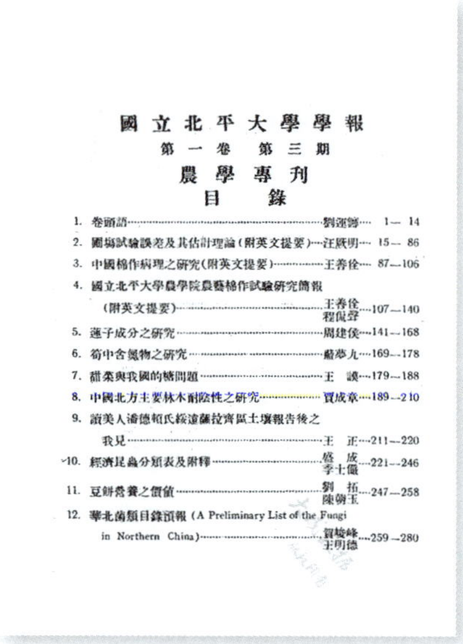
國立北平大學學報
第一卷 第三期
農學專刊
目 錄

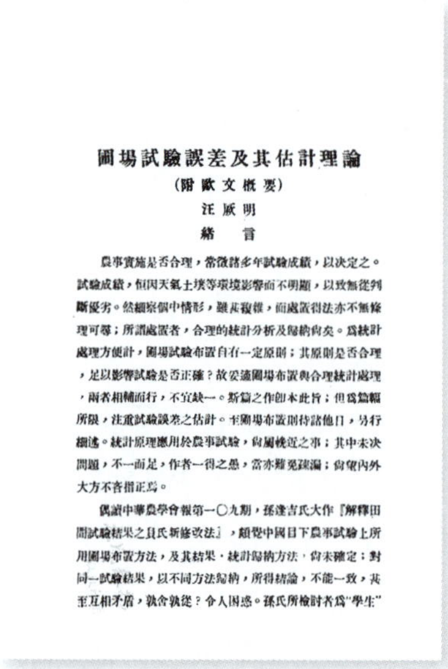
圃場試驗誤差及其估計理論
（附歐文概要）
汪厥明
緒 言

農事實施是否合理，常徵諸多年試驗成績，以決定之。試驗成績，恒因天氣土壤等環境影響而不明顯，以致無從判斷優劣。然細察個中情形，雖甚複雜，而處置得法亦不無條理可尋；所謂處置者，合理的統計分析及歸納尚矣。爲統計處理方便計，圃場試驗布置自有一定原則；其原則是否合理，足以影響試驗是否正確？故妥適圃場布置與合理統計處理，兩者相輔而行，不宜缺一。斯篇之作即本此旨；但爲篇幅所限，注重試驗誤差之估計。至圃場布置則待諸他日，另行細述。統計原理應用於農事試驗，尚屬晚近之事；其中未決問題，不一而足，作者一得之愚，當亦難免疏漏；尚望內外大方不吝指正焉。

偶讀中華農學會報第一〇九期，孫逢吉氏大作『解釋田間試驗結果之貝氏新修改法』，頗覺中國目下農事試驗上所用圃場布置方法，及其結果，統計歸納方法，尚未確定；對同一試驗結果，以不同方法歸納，所得結論，不能一致，甚至互相矛盾，孰舍孰從？令人困惑。孫氏所檢討者爲"學生"

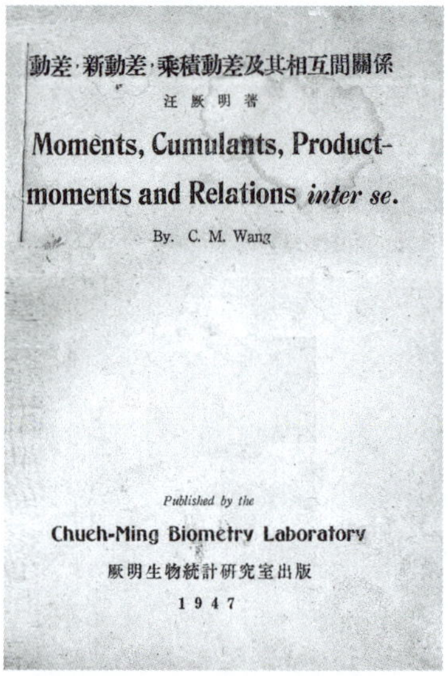
動差·新動差·乘積動差及其相互間關係
汪厥明著
Moments, Cumulants, Product-moments and Relations *inter se.*
By. C. M. Wang

Published by the
Chueh-Ming Biometry Laboratory
厥明生物統計研究室出版
1947

图 7 汪厥明发表在《北平大学学报－农学专刊》1 卷 3 期的代表作《圃场试验误差及其估计理论》和《动差、新动差、乘积动差及其相互关系》

察，并在英国剑桥大学农学院专攻生物统计学。1946 年，为祝贺他在生物统计学研究方面取得的成就，著名人士丁颖、胡子昂、王益滔、董时进、刘运筹、彭家元等共同发起成立了以汪厥明名字命名的中国唯一的一个生物统计学的研究机构——厥明生物统计研究室，后来更名为厥明生物统计研究所。《筹募厥明生物统计基金启事》指出：“曾任各大学教授之汪厥明先生，……对生物统计学术之研导，30 年如一日，造诣特深。1934 年曾发表《圃场试验误差及其估计理论》一文，当时影响国内农业研究技术至巨，诚农业试验应用统计为其分析判断工具之起始。抗战初期，先生于流亡生活中，撰著《多品种比较试验之理论与实际》《多品种比较试验机差之正确估计法》等专著，这项试验方法之阐明与改进，曾引起国内外学术界之轰动。今又完成《动差、新动差、乘积动差及其相应关系》巨著（厥明生物统计研究室，1947）。……近于教学之余，正进行积数十年来《生物统计学》讲稿之编辑，先生已视生物统计为终生事业，迭创新见”。汪厥明 1914 年中学毕业后即赴日留学，相继入熊本高等学校、日本东京帝国大学攻读农学，1918 年帝大毕业后，即进研究院。1924 年获农学硕士学位，同年 8 月回国，任国立北京农业大学副教授。1927—1928 年南京中央大学农学院借聘一年，期满后回北平大学农学院任农艺系教授兼系主任。1932 年他和陈宰均教授率领毕业班学生赴绥远省（现内蒙古自治区呼和浩特和包头等地）考察农牧事业，历时数月。1937 年卢沟桥事变，日寇侵占平津，他因家眷在北平，遂经西伯利亚回国。北平敌伪多方劝诱，要留他在北平担任伪职，但他却几经转辗，逃出沦陷区，到西安临大农学院报到，任教授兼农艺系主任，住在西安西大街西京招待所。1938 年 3 月西安

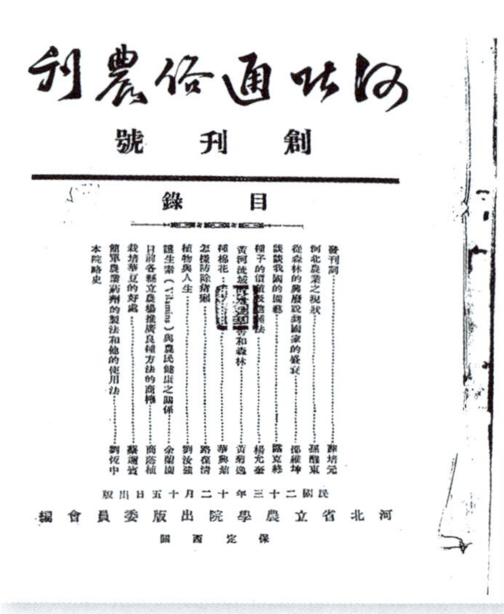
河北通俗農刊
創刊號
目錄

民國二十三年十二月十五日出版
河北省立農學院出版委員會編
保定西關

图 8 路葆清发表在 1934 年《河北通俗农刊》创刊号的《怎样防除猪癞》

临大南迁汉中时，任“新迁校舍勘察及布置委员会”委员，在李书田常委领导下，参与了在汉中的校址勘察和布置工作。1938 年去广西，任广西大学农学院教授兼农艺系主任。1946 年任台湾大学农学院教授兼农艺系主任，被选为“中央研究院”院士。

路葆清（1899—1964），字仲乾，河南辉县人。1919 年考入国立北京农业专门学校农学科，1923 年毕业后赴美留学，入依阿华州立大学兽医学院，获畜牧学学士学位。回国后，历任河北省立农学院教授、河北大学农学院教授、国立西北农学院教授、国立河南大学农学院教授、西北技艺专科学校教授兼校长、西北羊毛改进处处长兼兰州国立兽医学院教授等职；1949 年后，历任陕西武功种马场场长、西北畜牧兽医研究所副所长等职。他所著《家畜育种学》（西北军政委员会畜牧部出版，1950）是我国最早的一部家畜育种学专著。

2）形成科系设置齐全的农学独立学院

其合组初期的 1939 年，分为农学系（含农艺、植物病虫害、农业经济三组），森林学系、园艺学系、畜牧兽医学系、农业化学系、农业水利系，附设农业经济专修科，1940 年奉部令改农学系内之农艺、植物病虫害、农业经济升格为系。[①] 1939 年，农学系之农艺、农业经济、植物病虫害三组及森林、园艺、畜牧、兽医、农业、化学等系第一届毕业。

表 2　1939 年度全国高校农学科系设置

校名	校址	院、科、系设置
国立中央大学	四川重庆	农学院：农艺、森林、畜牧兽医、园艺、农业化学
国立西北联合大学	陕西南郑	农学院独立分出
国立中山大学	云南澄江	农学院：农学、林学、蚕桑、农林化学、畜牧、兽医、农业经济
国立四川大学	四川成都	农学院：农艺、林学、园艺、病虫害
国立西北农学院	陕西武功	农学（含农艺、植物病虫害、农业经济三组，次年升格为系）、森林学、畜牧兽医、园艺、农业化学、农业水利

表 2 表明，在 1939 年度，国立的西南联大、交通大学、同济大学、暨南大学、武汉大学、东北大学、浙江大学、湖南大学、厦门大学、云南大学均未设农学院或分出了农学院，国立西北农学院是当时全国唯一的农学独立学院。其科系设置也是最全的。

合组后开始实施研究生教育。继 1936 年与北平研究院合办中国西北植物调查所以来，1939 年 5 月复与国民政府经济部中央水工试验所合办武功水工实验室。1941 年 7 月 25 日，教育部批准成立农科研究所农田水利部具有招收研究生资格，当年招收研究生 3 名，是为全国具备此资格的国立中央大学等 10 所国立大学之一（私立大学亦有私立南开大学等 6 所）。其研究生修业年限两年，助教兼研究生者 3 年。其必修课有高等数学分析、流体力学、土力学、高等水文学、高等水工设计、模型试验、水工流体学、专题讨论等；选修课有水利机械、水质分析、黄河问题研究、田间技术、植物生理及病理、作物遗传、棉作学、食用作物等。在科学研究方面，先后育成棉花、小麦、谷子、大豆、玉米、高粱、马铃薯等各种优良品种 22 种。

① 教育部编 . 全国专科以上学校要览（上册），207 页。

3）西农的抗战精神

在临汾失守，潼关紧张，敌机袭击西安之际，为防御计，更为保存国家文物计，于1938年1月间西农将407箱图书仪器迁沔县，表明“农专”未与联大农学院合组之前，已经同处沔县。1938年12月19日蒋介石在西农主持武功会议后，西农数次遭受日机轰炸。1940年8月30日至1941年11月3日，日机36架次轰炸西农，投弹170余枚，死伤职员和学生4人，炸毁房屋500余间。后来，数十名学生参军。刘均爱回忆：刘潇然先生就是1940年间在日机轰炸“西农”时到校上课的，警报一响，多数师生仍会一拥而出，跑往野外，有时半天甚至一天也就不上课了。然而，同学们听刘先生的课时神情专注，即便防空警报响了，但刘先生的“农业经济”课没有讲完一小节，“讲授不到一个节段，学生无一离座。老师从容讲授，同学静心听讲，必等老师刹住话题，听完最后一句始走出教室躲避”。西农主楼是为抗战之遗存，楼前和楼内防空洞口及前几年校内挖出的那枚逾百公斤重的日军94式未爆炸炸弹等，都彰显了西农的“抗战精神”。

（伍小东　姚远　文）

（伍小东：西北大学马克思主义学院讲师；姚远：西北大学西北联大与大学文化研究院院长、二级编审 / 西北大学科学史高等研究院博士生导师）

参考文献

[1] 关联芳 . 西北农业大学校史（1934—1984）[M]. 西安：陕西人民出版社，1986：1-280.

[2] 王步峥，杨滔 . 中国农业大学史料汇编（1905—1949，上下卷）[M]. 北京：中国农业大学出版社，2005：1-1056.

[3] 姚远 . 西北联大史料汇编 [M]. 西安：西北大学出版社，2012：1-794.

[4] 王建领，郑惠姿，姚远，等 . 国立西北联合大学档案史料选编 [M]. 西安：西北大学出版社，2018：1-1464.

[5] 姚远 . 衔命东来：话说西北联大 [M]. 西安：西北大学出版社，2018：1-517.

[6] 编者 . 应行毕业各生志愿请领国立北平大学毕业证书办法 [J]. 西北联大校刊，1939（16）：7.

[7] 宋如海，抗战中的学生，重庆：世界学生会中国分会，1942.

[8] 徐诵明 . 国立北平大学一九三九年毕业同学纪念册・序 [M]. 城固，1939.

[9] 西北农林科技大学档案馆 . 民国西农纪事 [M]. 杨陵：西北农林科技大学出版社，2015：59-63.

[10] 王治浩 . 中国化学家与化学会 [M]. 北京：北京大学出版社 2012：106-109.

[11] 钟科，胡晶 . 中国科学院第一批学部委员・生物学地学部 [M]. 北京：中国大百科全书出版社，2010：64.

[12] 陈艺林，石铸，戴整，等：我国最著名的菊科分类学家 [OL][2007-01-19] http：//www.aweb.com.cn

[13] 张仲葛，徐旺生 . 张仲葛集 [M]. 广州：广东人民出版社，2013：515-516.

[14] 教育部 . 全国专科以上学校要览（上册）[M].207.

[15] 刘均爱 . 农学院二三事 [M] // 刘潇然 . 土地经济学 . 开封：河南大学出版社，2012：518.

西北高等教育的奠基

摘要：西北是中华民族文化的发源地之一，更是中华文化大一统的奠基之地，其文化地位崇高。但是，曾经作为文化高地的西北，代表文化发展成果的高等教育却始终欠发达。这一状况直到1938年西北联大建立才得到明显改变，抗战期间，西北成为中华民族高等教育的重镇，为其后乃至今天的高等教育奠定了基础。

在西北联大形成之前，我国的西北地区仅有一些高等教育的萌芽，且此生彼灭，毫无根基可言。

1937年七七事变爆发，日军开始侵占平津。日军7月29日攻入北平，30日攻占天津，平津院校损失惨重。1937年9月10日，民国教育部16696号令“以北平大学、北平师范大学、北洋工学院和北平研究院等校为基干，设立西安临时大学。”

为什么以这三校一院为基干设立西安临时大学？因为这三校一院之间有历史渊源，他们曾经在北伐后的民国政府所推行大学区制时合组北平大学。北平大学是个松散的联合体，各校有自己的校名、校长，在各自的地点办学，有自己的办学历史和特色。

北平大学第一工学院原为“北京工业专门学校”，第二工学院原为“北洋大学”。北洋大学创建于1895年10月2日，是清光绪皇帝御批，由清政府官办的我国第一所现代大学。辛亥革命后北洋大学堂改名为国立北洋大学，是当时教育部所属的三所大学之一。国立北洋大学设有法科和工科，1920年民国教育部实行大学区制，6月北洋大学法科停办，调入北京大学，北京大学工科调入北洋大学，北洋大学改为单办工科。1927年北洋政府下令将平津九所国立大学合并组成北平大学，包括工学院、医学院、农学院、法商学院、女子文理学院五个学院，北洋工学院改称北平大学第二工学院。

1929年7月，南京国民政府颁布《大学组织法》，因北洋大学只剩工科，故改称“国立北洋工学院”。学院下设三个系、两个所：矿冶工程系、土木工程系和机械工程系，冶金工程研究所和工程材料研究所。1935年增加电机工程系。当时北洋工学院的工科实力和办学水平在全国高校中名列前茅。

北平师范大学发端于1902年创立的京师大学堂师范馆，1912年改名为“国立北京高等师范学校”，1923年7月改为“国立北京师范大学校”，1931年7月，与被改名为“北平大学第二师范学院”的女师大合并，成立“国立北平师范大学”，是中国第一所师范大学。北平师范大学与北洋大学有着密切的关系，他的创始人之一就是北洋大学师范班1907年的毕业生李建勋。抗日战争胜利后北洋大学复校在北京建立文理综合的北平部，其后大部分并入北京师范大学，包括北平部的负责人陈荩民。

西北联大农学院起自于京师大学堂农科，是我国现代农业高等教育的起源地大学。1905年，京师大学堂农科开始筹建，从 1905 年到 1938 年，学校经历了晚清、北洋和国民政府三个时期，校名和组织机构也随政局变迁不断演变。1914 年 2 月，农科大学独立，改组为国立北京农业专门学校，以“教授农业高等学术，养成专门人才”为办学宗旨，是当时北京著名的国立八校之一。1923 年 3 月，北京农业专门学校改为国立北京农业大学。国民政府实行大学区制将北京国立九校合并组建国立北平大学，农大旋即改为国立北平大学农学院。1938 年，西迁合组西安临时大学，成立临时大学农学院。同年 7 月，西北联大农学院与国立西北农林专科学校合并，组建国立西北农学院。

北平研究院 1929 年 9 月 9 日成立，以北平大学的研究机构为基础，有物理、化学、镭学（后改为原子学）、药物、生理、动物、植物、地质、历史等 9 个研究所。

因为在 1929 年北洋工学院、北平师范大学、北平研究院独立建校（所），不再属于北平大学，因此教育部西迁文件中列为三校一院合组西安临时大学。

西安临时大学分为第一院、第二院、第三院等三大院，包括文理、法商、教育、农、工、医 6 大学院，23 个系，几乎涵盖了当时高等教育的所有学科。这些院校和研究机构迁徙来到西北，组成一个高等教育联合体，大大提高了西北高等教育的实力，使得西安成为中国高等教育的高地。

1938 年 4 月，国民政府行政院第 350 次会议通过《平津沪地区专科以上学校整理方案》，教育部根据《整理方案》下令：“国立北平大学、国立北平师范大学及国立北洋工学院，原联合组成西安临时大学，现为发展西北高等教育，提高边省文化起见，拟令该校院逐渐向西北陕甘一代移布，并改称国立西北联合大学。”

西北联大迁往汉中，依然设有 6 个学院 23 个系，分布在三县六地。大学本部及文理学院设于城固县城考试院，教育学院全部及工学院大部设于城固县城文庙，法商学院设于城固县城小西关外原县简易师范旧址，体育、地理、土木三系和附设高中部设于城固县古路坝天主教堂，农学院在沔县（今勉县）武侯祠，医学院设于南郑县居民聚居区，工学院独立设在城固县城南古路坝。

1938 年 7 月，西北联大在汉中立足未稳，国民政府教育部又发布《战时教育实施方案》。根据《实施方案》，西北联大工学院、农学院独立设校，农学院迁到陕西武功，“师范学院应独立设置，或将大学教育学院改称”，因此西北联大教育学院改称师范学院。1939 年 8 月，西北联大再次改组，由文、理、法商三学院组建国立西北大学，医学院独立设置，称国立西北医学院。西北联大从而有国立西北大学、西北工学院、西北农学院、西北医学院、西北师范学院五校，但这些学校并没有因为分立而缩小，反而得到了扩大。

1938 年 7 月 7 日，西北联合大学工学院与国立东北工学院及私立焦作工学院合并改为国立西北工学院。国立西北工学院以北洋工学院为主体，复汇入东北大学工学院、焦作工学院等高校，形成了土木、矿冶、机械、电机、化工、纺织、水利、航空、工业管理等系，形成从本科生到研究生的完整高等工程教育体系。

西北大学有文、理、法商学院，形成了文学、史学、哲学、经济学、法学、社会学、数学、物理学、化学、生物学、地理学、地质学等完整的高等文理教育体系。

西北农学院由西北联大农学院与国立西北农林专科学校合并而成，设有农艺、植物病虫害、森林、园艺、农田水利、畜牧兽医、农业化学、农业机械、农产制造、农业经济等系，形成了从专科生、本科生、研究生到职业技术教育的完整农学高等教育体系。

西北医学院汇入陕甘医学教育，奠定了西北医学高等教育和西北医学科学的基础。

西北师范学院奠定了西北地区高等师范教育的基础，设立有国文系、英语系、史地系、公民训育系、数学系、理化系、博物系、教育系、体育系、家政系、劳作专修科系，还极力从事西北社会教育，大大推进了西北中等教育、小学教育的现代化进程。

在民族危亡的局势下，在西北联大的办学过程中，国民政府逐渐意识到西北办学的重要性，西北联大对"发展西北高等教育、提高边省文化水平"具有重大意义，开始有为西北做长远考虑的打算。1939 年时任民国教育部长的陈立夫就指出："西北联合大学系经最高会议通过，尤负西北文化重责，钧以为非在万不得已时，总以不离开西北为佳"。民国著名教育学家姜琦教授也曾深刻指出："民国二十八年（1939）夏，教育部鉴于过去的教育政策之错误，使高等教育酿成那种畸形发展的状态，乃亦然下令改组西北联合大学，按其性质，分类设立，并且一律改称为西北某大学某学院，使它们各化成为西北自身所有、永久存在的高等教育机关。"

随着内地院校的西迁，西北这片高等教育的荒漠出现了一处处绿荫。

国立西北联合大学师生合影（一）（西北大学档案馆提供）

国立西北联合大学师生合影（二）（西北大学档案馆提供）

国立西北联合大学师生合影（三）（西北大学档案馆提供）

（王杰　文）

（王杰：天津大学大学文化与校史研究所所长、教授）

五 档海撷珍

档案是一座山，由古及今地积淀着历史尘埃；档案是一条河，由远及近地流淌着世间记忆。但浩如烟海的档案资料，若是在堆叠中尘封，无人解读，终将变为一种无法破译的历史化石。作为农大历史的守护者，我们一直在努力寻找新的资料，不断充实学校的档案库，我们也不断尝试从现有的馆藏档案中发掘故事，让“死档案”变为“活资料”。

在“档海撷珍”栏目中，我们将不断向大家公布最新收集和整理的档案史料，力求把最真实、原始的档案呈现给读者，和大家一起解读、品味档案中深藏的人文历史。这一期带来的是一组新征集到的史料，其中包括了原沦陷区“北京大学”农学院的照片和人民画报中的北京农业大学影像，另外还有 1928 年京师大学校农科毕业纪念册中的珍贵记录。

旧梦拾遗
——忆国立京师大学校农科毕业生

《国立京师大学校农科第一届毕业纪念册》是我校校友王兆荃（图 1）之女王邻孟（北京农学院经济管理学院退休教授），在 2017 年向中国农业大学档案与校史馆捐赠的珍贵史料，其（纪念册）图文并茂地记录了国立京师大学校农科毕业生的点滴回忆（图 2）。

王兆荃这届学生是国立北京农业大学成立后招收的第一批学生，在读期间他们见证、经历了九校合并，继而成为国立京师大学校农科的学生。然而国立京师大学校仅仅存在了一年的时间，他们是第一届毕业生也是最后一届毕业生，在这特殊的历史背景下这段往事格外值得寻味。

图 1 学生王兆荃

图 2 2017 年 6 月王兆荃长女王邻孟捐赠学校

一、“改大”后第一届学生

1920 年（民国九年），我校学生倡议“将国立农业专门学校改组大学”（即著名的改大运动），此提议得到国内外实业教育机关及热心教育之士的大力赞同。1922 年（民国十一年）7 月，在济南举办的全国农业讨论会上，会议提案将北京农业专门学校改为农科大学；同年 11 月，教育部下令将北京农专提高学程，改为农业大学，并聘长沙人士章士钊为校长，筹备改组相关事宜。1923 年（民国十二年）2 月，改组就绪，3 月 8 日全国第一所农业大学正式成立。

章士钊校长在任期间，农大的发展是迅猛的。章校长主持定立了农业大学组织大纲，大纲开宗明义规定了北京农业大学的办学宗旨：“本大学以改进农业及农民生活，培养各种农业专门人才，期与农民通力合作，蔚成农村立国为宗旨。”这一论述使得农大办学宗旨更加明确、办学方向更具特色，对学校当下及后来的发展影响深远。章士钊校长明确农大三大任务，分别是教授（教学）、试验（科研）、推广。为实现三大任务设三大部门：教务部、农事试验场、推广部，颇具特色，实属创举。此外还设有事务部、编辑部、群育部、图书部、医药卫生部，分管各项事务。在教学方面，首先“改科设系”，设农艺、森林、畜牧、园艺、生物、病虫害、农业化学七个系。此次科系设置，丰富了农大的科系设置，使学校向建立多学科体系的高等农业学府迈上了新的台阶；其次，“广聘人才”，章士钊聘请的教师中有不少从国外学成归国的科学技术人员，如留学美国的化学家薛培元，留学美国的林学家沈鹏飞，留学日本的兽医学家崔步瀛，留学美国的植物学家唐有恒等；此外，设教务会议。在科研方面，合并农林两场为农事试验场，分水田、旱田、园艺、畜牧、蚕桑、森林六部，设四个分场，卢沟桥农场支场改为第一分场，南口第二林场改为第二分场，老山第三林场改为第三分场，租八里庄民地八十余亩设第四分场。农事试验场兼有试验和生产双重任务，有利于推动科研工作的开展；设农事试验会议。在推广方面，设农业推广会议，商榷关于全校农业推广进行事宜，农业推广会议以校长、推广部主任、系主任、教授、助教授、技师、农业推广员组织，开会时以校长或推广部主任为主席。

北京农业大学依京师大学堂农科大学的旧址坐落在北京罗道庄一带，后来该校园并没有被保留下来，在20世纪80年代被拆除。校门是京师大学堂农科大学时期建成的、带有标志性的农科大学“老校门”，至今仍有一件老校门仿制品静立在西区新综合楼前广场上任校友追忆过往（图3）。第二道校门我们惯称为“二门”（图4），郁郁葱葱，颇为壮蔚。校园西侧最前面有平房一所，是当时学校主要的办公场所（图5），并用作教师休息备课使用，其后面相距数百步建有二层楼房一所，作为教室和实验室用（图6和图7）。在东边有学生宿舍平房4所，每所约10间，坐北朝南，前后并列（图8）。宿舍前面隔一小操场，有平屋前后两排数十间为农场用房，其中有一小部分为农产品加工室。

1923年（民国十二年）7月，北京农业大学在北京、奉天（沈阳旧称）、上海、广州、长沙各处招收大学第一班学生，报考者先后计一千四百余人，录取五十六人，这五十六人中即有前文提到的我校校友王兆荃，这一级学生因同北京农业大学的成立处于同一纪元，而颇有意义。

图3 农科大学校门

图4 二门

图 5 办公室

图 6 教室

图 7 标本室

（一）

（二）

图 8 学生宿舍

二、“农科”唯一一届毕业生

根据要求，农大学生需修业满年限五年（两年预科）方可毕业，实行学分制，每学期以修足 18 学分为标准。在王兆荃这届学生即将毕业这一年，他们又经历了学校的巨变。

1927 年（民国十六年）8 月 6 日，张作霖政府下达九校合并令（九校即北京大学、北京师范大学、北京女子师范大学、北京法政大学、北京农业大学、北京工业大学、北京医科大学、北京女子学院、北京艺术专门学校），北京农业大学成为国立京师大学校农科（图 9），刘哲（别号敬舆）（图 10）担任校长，路孝植（别号壬甫）（图 11）担任农科学长。九校合并“总期学风日粹，士行日端，树百年之宏规，作全国之楷模”，然终未达厚望。

图 9　国立京师大学校校门

图 10　大学校校长刘哲

图 11　农科学长路孝植

1927 年 9 月 5 日，国立京师大学校农科召开会议，决定 9 月 20 日开学，9 月 26 日上课，并聘定畜牧系主任崔步瀛，农化系主任蒋继尹，农学系主任董时进，农业生物系主任陈映璜，预科主任毛恩旭，教授毛恩旭、章祖纯、黄以仁、贾成章、孙宗浩、陈振、虞宏正等。因重视与国外的交流学习，还聘任了英文讲师金振华、德文讲师李景汉等。

1927 年 9 月，考取新生六十一名。与往年近千人报考相比，本年首次报考者仅八十余人，补招报考者三十人，报名人数锐减与时局有关，亦与九校合并有关。国立京师大学校农科设本科和预科。在修业年限上，本科四年，预科两年，之前三年制的各系学生，仍按旧制处理。本科分农学、林学、农业化学、畜牧学、农业生物学、农业经济学六系，农业生物学系和农业经济学系的设立是顺应时代发展之举、创新之举，逐渐发展成为学校特色，为国家培养出一批专门人才（图 12 至图 15）。在管理上，农科设学长办公室、文书、注册、会计、庶务及农场等，以分管事物、辅助教学。

图 12　伐树修木

图 13　生理诊断

图 14 果树剪枝

图 15 花卉扦插

1928 年 6 月，大学部学生农学系十五名，农艺化学系五名，农业生物系四名，畜牧学系四名，林学系四名学生毕业，路孝植因事离职。随后，北伐军进驻北京，国民党领导的国民政府在南京成立，北京改为北平，只成立一年的京师大学校解体。8 月，原北京国立九校自行恢复合并前的校名，复国立北京农业大学原名，各自恢复开展学校教学日常工作。10 月，教职员学生组织学业维持会照常上课。

三、毕业生中的知名校友

正如前文所云，这届学生，即于改组一年便期满毕业（图 16），然五载以来，生离死别，留校而有幸卒业者，仅有三十二人。他们是边高元、杜寿椿、张蜀翘、袁家海、陈香贻、郭嘉亨、陈振麒、黄先难、向云龙、邵金元、王云森、王兆荃、陈启昌、张家驹、李兰陔、孔昭颐、王贞纪、陈金堂、熊德普、岳永著（女）、陈朝玉、徐公镇、侯光炯、罗登义、谈念曾、张锡同、王宏章、黄毓熙、许锡图、余必达、张春和、吴昌济。其中就有著名土壤学家、中国科学院院士侯光炯，著名农业生物化学家罗登义。

图 16 京师大学校农科毕业生合影

侯光炯（图 17），著名的土壤学家，农业教育家，中国科学院首批院士（学部委员），长期从事土壤地理、土壤分类和土壤肥力的研究及教学工作。1928 年于京师大学校农化系毕业后留校任图书馆馆员、农学系助教。曾兼任四川大学、中央大学、重庆大学、川北大学的教授，1948 年起任国立西北农学院教授，1952 年后，历任西南农业大学教授、博士生导师、系主任、名誉校长。

在同学心中，侯光炯是个“勤于读书，不修边幅”的人，他通过自己的不懈努力考入农大学习农业科学，立志科学救国。同学评价他“持非常之毅，数年如一日”，自踏上“从农报国”的征途，他便时刻以高昂的革命热情战斗在农业教育和土壤研究战线上，夜以继日，忘我工作。为了更好地从我国丰富的农业生产经验中汲取营养，他长期扎根农村，一去就是 20 多年，直到生命的最后一息。他“遇人和易，重诺言，敦友谊”，从他后来从教后对待学生的态度便可观一二。他爱生如子，学生家庭闹矛盾，他亲自去做工作；学生身体抱恙，他自己拿钱抓药买饭送到学生寝室。侯老先生不仅是土壤学大师，也是严师慈父，令人心生敬仰。

罗登义（图 18），著名的农业生物化学家、营养学家、农业教育家，长期从事生物化学、营养化学研究工作。1928 年毕业后先后在贵州大学、成都大学、国立北平大学农学院任教。“卢沟桥事变”爆发后，他先后到西北农学院和浙江大学农学院任教授、系主任。1947 年，出任贵州大学农学院教授兼院长。建国后，历任贵州农学院院长、贵州大学名誉校长等职。

图 17　侯光炯

图 18　罗登义

读书期间，同学这样评价他，“行事秩然，举止稳重，立志高远，建设中国科学乃其毕生宏愿。”七七事变后，北平沦陷，日本人恩威并济，想让他为日本帝国主义效劳，被他严词拒绝。他冒着生命危险，与夫人一道乔装商人南下，几经辗转先后到西北农学院、浙江大学从事教学和科研工作。1949 年新中国成立后，浙江大学召其回校，但他考虑到家乡更需要人来建设，便毅然选择留在了贵州。他曾作诗《家乡恋》：“生我育我好贵州，气候温和，山水清幽。地下蕴藏丰富有，金碗叫化，愚者蠢忧。勤劳人民应振奋，智力开发，兴工兴农。雄心壮志岂能休，暂时穷困，何惧何愁。”罗登义，对祖国的热爱，对家乡的热爱，对科学的热爱，就如生他养他的贵州大山一样，外表虽然朴实无华，内心却蕴藏了极其丰富的宝藏。

一草一木长相知，一枝一叶总关情。拾起纪念册，再次翻阅那段历史，似乎依旧能听到农大校园里的风声雨声读书声，也能清晰的感受到传承至今的农大学生骨子里的爱国、高尚、乐观、坚韧的傲然风骨。中华民族到了最危险的时候，农大师生站了出来，他们用知识改变着中国，用自己的血肉之躯守护着祖国。时光荏苒，白驹过隙，这种“解民生之多艰，育天下之英才”的情怀将永远留在一代又一代农大师生的精神世界里。

（高晶晶　文）

参考文献

[1] 王步峥，杨滔 . 中国农业大学史料汇编（1905—1949，上下卷）[M]. 北京：中国农业大学出版社，2005：1-1056.

[2] 中国农业大学档案与校史馆 . 农大英烈 [M] . 北京：中国农业大学出版社，2007：48-67.

[3] 中国农业大学百年校庆丛书编委会 . 中国农业大学百年校庆丛书——百年人物 [M] . 北京：中国农业大学出版社，2005.

[4] 国立京师大学校农科第一届毕业纪念册 [M] . 北京，1928.

[5] 侯光炯 . 百度百科 [EB/OL] .https：//baike.so.com/doc/6644836-6858651.html，2019-05-19.

[6] 罗登义 . 百度百科 [EB/OL] . ttps：//baike.so.com/doc/1119307-1184272.html，2019-05-19.

掠影记忆

——中华人民共和国成立前后的部分照片

1.“国立北京大学”农学院记忆

1937 年 12 月，伪华北政府教育部将原北京大学、北平大学等校合并，成立了“国立北京大学”，下设六个学院。其中，农学院设在东城东总部胡同原北平大学商学院校址，后又迁至海运仓原朝阳大学校址。此时，原北平大学农学院罗道庄校舍及农场已经全部被日本侵略军占据为兵营，家具、图书都被掳掠，院内许多建筑遭毁。

1945 年抗日战争胜利后，国民政府接管了原沦陷时期的“北京大学”农学院，改为“教育部特设北平临时大学补习班第四分班”。次年 6 月，北京大学复员北平，在罗道庄重建农学院。北大农学院接收了临大补习班第四分班的学生和部分教员，并陆续从接收的补习班学生中遴选优秀毕业生留校做助教，为农学院的重建增添了重要的新生力量。

本文展示的是 1938—1945 年间沦陷区“国立北京大学”农学院的校舍面貌。

图 1 “国立北京大学”农学院校门

图 2 “国立北京大学”农学院学生宿舍

图 3 “国立北京大学”农学院学生宿舍

图 4 “国立北京大学”农学院校园内

图 5 “国立北京大学”农学院教室

（以上照片由农大资环 2017 届毕业生胡一民提供）

2. 1952 年农大师生学习生活情况 ①

1949 年北京农业大学成立后，面对的一个重要问题和任务是“如何把毫无经验的青年学生培养为全心全意为人民服务、能够解决农业生产问题的干部”。为此，学校进行了一系列教学改革，以纠正旧农业教育中脱离实际的问题。农耕学习是其中的一项重要措施，成效显著，受到当时教育界的赞扬和教育部的充分肯定。1952 年，《人民画报》聚焦北京农业大学开展的农耕学习教育改革，用镜头记录下新中国成立之初农大学生的日常生活。

① 图片原载于《人民画报》1952 年 8 月号，图注有改动。

图 1　中华人民共和国成立初，北京农业大学曾进行了大规模的校舍建设。这是当年新建的“五一”楼，是农大的女生宿舍。快到上课时间，女同学们正在从宿舍走向课堂。

图 2　新中国成立以来，北京农业大学积极改进旧的农业教学模式，学校采取了理论与实际相结合的新教学模式。这是畜牧系的学员们正在做家畜生理实验。

图 3　农耕学习坚定了学员们为人民服务的信念，在农大畜牧兽医工作站实习工作的学员们，正在为附近农民医治生病的耕畜，他们已与当地农民成为朋友。

图 4　在校学习的每一个同学，都会亲身体验从整地播种，到收获贮藏的全部劳动过程。这是学员们愉快地收获自己亲手种植的西葫芦。

图 5　当年，为迎接祖国经济建设的热潮，部分原在部队中工作的干部也进入农大学习。何邶君就是来自部队的学员，她正在物理实验室做摩擦实验。

（以上图文由农大资环2017届毕业生胡一民提供）

六

信息集萃

档案与校史馆人员赴延安、甘泉地区调研

2013年5月13日至15日，我校档案与校史馆部分职工与思政学院党总支书记李桦、校友总会孙久臣等一行6人，前往陕西省延安市甘泉地区进行调研。

北京农业大学曾于1970年8月搬往陕西省延安地区甘泉县清泉沟一带办学，历时2年零8个月。广大农大的教职工、家属在此生活、工作、学习、科研、劳动，奉献了自己的宝贵年华，也留下了智慧与汗水。

由于历史原因，我校保存的反映学校在甘泉县时期的历史资料极其有限。为及时弥补这一空缺，进一步加强校史研究工作，档案与校史馆与甘泉县政协文史资料委员会积极联系，表达了合作意向，与甘泉县共同收集和研究北农大迁址甘泉时期的历史。

在甘泉县政协领导和有关工作人员的协助下，调研小组在甘泉地区走访了原北农大校部、牧医系、农药厂等一系列旧址；在延安大学查阅、收集了与北农大、延安自然科学院有关的档案资料，共计15卷。并与数名甘泉校友进行座谈，了解北农大教职工在甘泉生活、工作的基本情况和部分细节。调研所获得的照片、档案，口述记录等资料及信息，对我校校史有一定的补充作用，为深入研究北农大在甘泉时期的历史提供了有效的线索。

调研期间，小组成员还与甘泉县政协文史资料委员会交换了部分历史资料，就如何收集北农大迁址甘泉的历史资料的相关事宜进行了协商。

调研人员在延安甘泉县清泉沟查看校部旧址

农大牧医系旧址

（蔡远渊　文）

附件："甘泉－延安"调研报告

一、调研缘起

原北京农业大学1970年8月搬往陕西省延安地区甘泉县清泉沟，全校教职工在此工作、劳动、生活2年零8个月，为广阔的黄土地奉献了宝贵年华，留下了智慧与汗水。1973年4月，根据国务院教科组《关于北京农大迁到河北省并改名为华北农业大学的通知》，学校搬迁至河北省涿县（现涿州教学实验场）。

由于历史原因，我校保存的反映学校在甘泉的档案资料极其有限。2012年10月，档案与校史馆曾在网上发布《关于征集原我校在陕西甘泉县相关史料的启事》，尝试在学校范围内征集资料，弥补这一历史时期的馆藏空缺，但响应者寥寥。因此，本馆将收集校史资料列为2013年馆内工作计划。

2013年初，甘泉县政协专门成立编委会，编纂《北农大迁址甘泉》（书名暂定），并向社会各界征集原北农大在甘泉的有关资料。我馆在获知这一情况后，想借此机会，收集这段历史档案。在学校原副书记王步铮，原副校长靳晋等的帮助下，与甘泉县政协文史资料委员会取得联系，初步了解到甘泉方面史料收集工作的进展情况和合作意向。档案与校史馆计划前往甘泉进行调研，为收集和研究原北农大迁址甘泉时期的历史迈出了第一步。

二、调研过程

2013年5月12日晚，档案与校史馆部分工作人员与思政学院党总支书记李桦，校友总会孙久臣等一行6人，乘火车前往延安市及甘泉县地区进行调研。

5月13日上午，调查小组抵达甘泉县后，受到了甘泉县政协主席李满套、副主席杨宝钧等的热情接待。简单交流后，调研小组在甘泉县政协领导、有关工作人员及原北农大甘泉校友高忠信的陪同下前往清泉沟一带，查访原北农大的校部、牧医系、农学系、农药厂、教学点等一系列旧址。

5月14日，调研小组和甘泉县政协文史资料委员会交换了历史资料之后，前往延安大学。在延安大学档案馆的配合下，查阅了原北农大相关的档案资料，共找到15卷原始档案，进行了拍摄并整理了这些卷宗的目录信息。此外，调研小组还参观了延安大学校史馆，在馆内了解到了延安自然科学院生物系的部分历史信息，乐天宇任其生物系主任等。当日晚，部分同志乘火车返京。

5月15日，调研小组在甘泉县城区范围内走访，在甘泉县档案馆进行调研。接着，在甘泉县政协文史资料委员会的帮助下，调研小组与几位当地校友取得联系，并进行了座谈。当日晚返京。

三、调研收获

第一，此次调研，是1978年原北农大迁回北京原址后，我校档案与校史工作人员第一次有组织地对原北农大在甘泉地区的历史进行实地考察。小组成员在调研期间探访了原北农大在甘泉县的一系列旧址，拍摄了大量照片；对数位甘泉校友进行了访谈，了解原北农大教职工在甘泉生活、工作的基本情况和部分细节；在延安大学查找到了大量与原北农大相关的15卷珍贵档案资料。

第二，这次调研所获得的资料及信息，对我校校史有一定的补充作用，为深入研究原北农大在甘泉时期的历史提供了有效的线索；调研小组在此期间与甘泉县政协及当地校友建立起初步的友好合作关系，更是为后继的调查与研究工作打下了基础。

第三，此次调研行动还产生了意料之外的积极影响。因地方发展规划，我校部旧址所在土地已被征收，所有窑洞按计划于5月13日上午10点被拆除，居民实施搬迁。调研小组在13日上午9点探访校部旧址时发现这一情况，陪同调研的甘泉县政协领导人立即与县委领导进行沟通，暂缓了拆迁计划，使原北农大校部旧址得以保存。

四、相关建议

鉴于农大（北农大和北农机）“文化大革命”时期迁校距今四十年有余，我校对这一段历史的研究工作已到了关键阶段。建议学校组织有关单位与人员，着手抢救我校在这一时期的历史资料。

（1）与甘泉县进一步加强联系，就如何保留原北农大在甘泉县的相关旧址，及如何深入研究原北农大迁址甘泉的历史进行协商。原北农大校部旧址此次能够在危急之时得以保护，离不开甘泉县政协的大力支持，但这只是权宜之计。如何对原北农大在甘泉地区的多处旧址进行有效保护，需我校与甘泉县双方密切合作；而我校今后对这一段校史资料的收集和研究工作，更离不开甘泉县的支持与配合。

（2）积极开展原北农大迁址甘泉的历史资料征集工作。原北农大迁址甘泉的历史渐行渐远，当事人大多已年逾古稀，对这些校友手中掌握的资料和信息的收集工作日益迫切，已经到了抢救阶段。建议学校正式开展对农大20世纪70年代的北农大迁址甘泉的历史资料征集工作，面向社会，以经历过迁校时期的学校教职工、家属等为主要对象，广泛收集笔记、照片、报刊、实物、回忆文章等各类型资料。

（3）与甘泉县政协文史资料委员会积极合作，交换资料及信息。甘泉县政协文史资料委员会与我校档案与校史馆目前都在积极收集原北农大迁址甘泉的史料，并筹谋开展研究工作。双方的目的虽不同，工作方法也相异，但其间所获得的各种资料，所接触的有关人士和整理还原出来的历史事件，却是双方都急切需要的。我校应在相关校史工作中，与甘泉方面积极合作，做到互通有无，互为补充。

在延安大学档案馆查阅与农大有关的卷宗

与延安大学档案校史馆同仁合影

（4）与延安大学档案馆、校史办公室密切合作，搜寻当年在陕期间的档案及延安自然科学院相关文史资料。1971 年，经陕西省革委会批准，搬迁甘泉的原北农大计划与延安大学合并，终因种种问题而未能实施。但延安大学的校史及档案中，已经留下了原北农大的不少印记。这些档案资料大多是我校目前没有的，对这些具有特殊意义和重要价值的档案资料进行有组织有计划的收集、鉴别、整理和研究，不仅能丰富我校档案馆藏，更会对今后的校史工作产生巨大的推动作用。

（5）组织人员，制定计划，启动原北农机迁校重庆及邢台时期的史料收集与研究工作。原北京农业机械化学院于 1970 年迁往四川重庆北碚，1973 年经国务院批准，迁往河北邢台建校。我校对原北农机这一段迁校历史的研究工作也面临着同样的困难。建议学校尽快启动原北农机迁校重庆及邢台时期的史料采集与研究工作，采访相关教职员工，收集线索和初步资料，组织人员前往重庆地区对原北农机的旧址进行查访，并就保留原北农机迁校重庆等相关旧址的可能性和操作方法进行讨论。

调研小组成员：师桂芳　张立华　蔡远渊　李茂茂　李桦　孙久臣

（蔡远渊　文）

档案与校史馆人员在重庆北碚查访学校旧址

2013 年 11 月 3 日至 6 日，档案与校史馆牵头组织的调研小组在重庆市北碚地区对北京农业机械化学院旧址进行查访，收集“文化大革命”期间校史资料。

“文化大革命”期间，北京农业机械化学院曾被迫迁离北京，落户西南。1970 年 6 月，北京农业机械化学院向重庆北碚搬迁，千余名教职工及大部分家属和各种教学仪器、设备、图书、农业机械、生产设备等全部搬到了西南农学院内，一度改名为四川农业机械学院、重庆农业机械化学院。1973 年 10 月，经国务院教科组批准农机学院迁往河北邢台办学，更名为华北农业机械化学院。

与原北京农业大学一样，农机学院在这段西迁的岁月里历经磨难。教学、科研工作陷入窘境，广大教工家属的日常生活更是艰难为继。但由于种种原因，我校的档案和校史资料中对这一时期的记录极其有限。为及时弥补空缺，做好对“文化大革命”时期校史资料的收集与研究工作，继 2013 年 5 月中旬对延安甘泉地区的调研后，档案与校史馆再次组织人员，与思政学院党总支书记李桦、校友总会孙久臣等组成调研小组，前往重庆市北碚区的旧址进行调研，寻访老一辈农大人留下的记忆和足迹。

在西南大学档案馆的协助下，调研小组在西南大学的档案馆藏中查找和复制了原北京农业机械化学院在当地办学的相关资料和一些老建筑图片；前往西南农业大学原址，走访了北京农业机械化学院所建的实习工厂及曾经用过的办公大楼等；在重庆校友分会的支持下，与在渝校友进行了交流，并参观了我校著名校友胡子昂（全国政协原副主席、全国工商联原主席）的故居。

此次调研，加深了校史工作有关人员对原北京农业机械化学院的重庆时期历史的了解，并收获了一些旧照，对校史资料有一定补充作用，也为今后的研究工作提供了线索。调研小组在渝期间与西南大学档案馆、重庆大学档案馆还就档案管理进行了业务交流。

（蔡远渊　文）

附件："重庆－北碚"调研报告

一、调研思路

1970 年 6 月原北京农业机械化学院开始向重庆北碚搬迁，到 9 月初，全校千余名教职工及大部分家属和学校的各种教学仪器、设备、图书、农业机械、拖拉机、实习工厂、修理厂的生产设备甚至地下埋的电缆线也全挖出，全部搬到了重庆西南农学院内。当时上级领导决定，学校与西南农学院合并，但刚到重庆时，仍叫北京农业机械化学院。1971 年在全国教育工作会议后，决定学校改名为四川农业机械学院，不再与西南农学院合并。后因该名易与四川成都已有的四川农机学院校名相混，经批准又改为重庆农业机械化学院。

搬到重庆时，由于没有校舍，广大教职工及其家属只好住在西南农学院的教室和学生宿舍，给广大教工和家属的生活造成很大困难。尽管有各种困难，广大教工还是尽量创造条件，努力工作，在困难条件下坚持办学。

由于西南农学院不与我校合并，1975 年 11 月，开始迁往河北邢台办学。

档案与校史馆对这段历史的馆藏甚少，为了充实这段校史，我馆决定组织人员前往重庆北碚对原北京农业机械化学院的旧址进行查访，收集线索，采访当事人，查找资料等，为进一步研究这段校史奠定基础。

二、调研过程

2013 年 11 月 3 日下午，档案与校史馆部分工作人员与思政学院党总支书记李桦，校友总会孙久臣等一行 5 人，前往重庆西南大学进行校史调研和工作调研。当晚到达，西南大学档案馆馆长吴江热情地接待了我们，大家就校史工作进行了简单交流，我们将新出版的《探索之路——中国农业大学跨越百年的办学历程》一书，赠送给西南大学档案馆。

11 月 4 日，调研小组前往西南大学档案馆。首先，参观了位于原西南师范大学校区的档案馆库房，查找原北京农业机械化学院在当地办学的相关资料。接着，参观了西南大学校史展览。西南大学是在 2005 年 7 月由西南师范大学和西南农业大学合并的。西南大学档案馆给我馆赠书一套，其包含近年来的各种出版物近二十册，其中《西南大学部分老建筑及景观图谱》一书中有原北京农业机械化学院在重庆北碚时期的一些老建筑图片。之后，我们又前往西南农业大学原址，在与档案馆的办公人员交流后，由熟悉这段历史的老师带领我们前往北京农业机械化学院所建的实习工厂及曾经用过的办公大楼等地参观拍照。一路上，西南大学的老师讲起我们脚下所走的路就是原北京农业机械学院修建的，后来西南大学进行了改造，这是原北京农业机械化学院留给西南大学的纪念。在原北京农业机械化学院扩建的农机厂房（学生实习工厂），我们看到现在仍有几十名学生在厂房中上实习课。实习工厂的老师听说我们是中国农业大学来的，热情地接待了我们，并把所有的库房打开，告诉我们这些建筑的历史以及与原北京农业机械化学院的渊源。随后我们还参观了原址上的大礼堂等建筑物。

11 月 5 日，调研小组来到重庆大学。重庆大学档案馆李平馆长、杨艳副馆长和馆长助理喻玲热情地接待了我们，给我们详细地介绍了重庆大学建设数字档案馆的经验，并给我们做了演示，还带我们参观了档案馆的库房。我们还就档案收集和管理服务等工作中遇到的问题进行了较深入的交流。下午，我们参观了重庆大学校史馆。该馆为一专门建筑物，是 2009 年布展的，其展览已经利用上了声、光、电等现代化设备，展览效果非常好。该馆是由校党委宣传部负责管理。

11 月 6 日，我们与在渝的校友进行交流，并参观了我校著名校友胡子昂（全国政协原副主席、全国工商联原主席）故居，下午返回北京。

回京后，西南大学档案馆还通过网络将原北京农业机械化学院原居住的斑竹村及办公楼房共青团花园的旧照传送给我馆。

三、收获体会

第一，调研前，我们充分听取了经历过重庆北碚时期的老教师的意见，带着一些任务来到西南大学。通过实地察看和走访，我们对原北京农业机械化学院的重庆时期的历史有了直观的了解，找到了一些我馆未曾收集的重庆时期的旧照，对我校校史有一定的补充。

第二，我们与西南大学档案馆、重庆大学档案馆的业务交流也很有收获，对兄弟院校的档案管理经验也取了经，对我馆今后的工作也会有借鉴和促进作用。

第三，这次在重庆收集校史，重庆校友分会给予了大力支持，校友在我们收集校史方面给予了很大帮助，也为我们提供了一些新的线索，使我们收集校史的工作进展顺利。

调研小组成员：师桂芳　苏雅澄　张立华　李桦　孙久臣

（苏雅澄　文）

校史馆成为北京市海淀区未成年人思想道德建设基地

2013 年 11 月，校史馆正式挂牌，成为“海淀区未成年人思想道德建设基地”。

学校在 2013 年 7 月 20 日与海淀区签订“同创文明城区，共建文明校园”协议。协议签署后的 3 个多月时间里，双方各部门折子工程逐步落实，工作到位。

校史馆在此次共建活动中，与海淀区文明办积极协作，共享优质资源，开展“中小学生走进农大”行动，组织中小学生参观和学习农大的百年发展历程和光荣革命传统，感受名师先贤探寻真理、报效国家的精神魂魄以及数代农大人精研学问、培育英才的不变追求。在参观过程中，中小学生了解到中国近代农业高等教育和科技的发展历程，在生动的故事和画面中进一步学习和巩固了历史知识。同时，校史馆还向中小学生们传递了我校的优良学风，有助于培养他们的科学意识和奋斗精神。

被命名为未成年人思想道德建设基地后，校史馆的影响力将进一步扩大。为了将校史馆建设成为帮助青少年激发爱国情感、弘扬民族精神，陶冶道德情操、提升品德修养的重要阵形地和场所，学校将继续重视和加强校史研究及相关成果展示工作，力争在丰富展出内容、完善基本陈列、改进展示手段、拓展教育功能等方面取得明显进步。同时，我馆将与海淀区文明办、马连洼街道及周边中小学校密切配合，根据不同年龄层次未成年人的特点，编写特定讲解稿，挑选和培养学生讲解员，增强基地对未成年人的吸引力和感染力。

海淀区未成年人思想道德建设教育基地

2013 年 11 月正式挂牌

（蔡远渊　文）

林镕女儿向档案与校史馆捐赠《林镕文集》

2013 年 11 月，中国科学院院士林镕的女儿林稚兰、林慰慈女士向我校档案与校史馆捐赠《林镕文集》。

林镕（1903—1981），字君范，江苏丹阳人，我国植物学家、植物分类学家，中国植物学科的先驱者之一，中国菌物学研究的开拓者之一，于 1930—1942 年间在原北平大学农学院农业生物学系任教授，并于 1933 年后兼任农业生物学系主任。1955 年被评为我国首批中国科学院院士。

2013 年是林镕院士诞辰 110 周年，其女儿们编辑出版了《林镕文集》以兹纪念。林稚兰、林慰慈女士捐赠此文集对于丰富档案与校史馆馆藏和校史研究资料大有裨益，校史馆特出具捐赠证书以示感谢。另外，应林镕院士女儿要求，档案与校史馆还提供了林镕院士的相关历史资料以供其用。

林镕的女儿林稚兰、林慰慈女士

捐赠《林镕文集》证书

与老朋友相见

档案与校史馆颁发捐赠证书

（李茂茂　文）

档案与校史馆人员赴邢台地区调研

2014 年 5 月 21 日至 22 日，校档案与校史馆部分职工与思政学院党总支书记李桦、校友总会孙久臣等一行 5 人，前往河北省邢台市进行调研。

邢台办学是我校前身之一——北京农业机械化学院历史上很重要的一个阶段。1973 年 10 月，国务院批准在渝办学的北京农业机械化学院（已更名为重庆农业机械化学院）迁往邢台建校，并更名为华北农业机械化学院。1975 年 11 月，学院在邢台正式办公。1979 年 5 月，国务院批准农机学院迁回北京，并恢复北京农业机械化学院校名。学院迁离邢台后，邢台农业机械学校在原址建立，并逐步发展成为中国人民解放军军需工业学院，如今已成为邢台职业技术学院。

为加强校史研究工作，及时补充完善我校邢台时期的历史资料和档案，档案与校史馆与邢台职业技术学院及邢台校友积极联系，组织并实施了此次调研。

在邢台职业技术学院领导和校友的协助下，调研小组走访了现存院内的原北京农机学院教学楼、工厂、学生宿舍、家属楼等一系列建筑，并前往孔村与破龙王庙等校外教学旧址进行寻访，复制、收集了若干反映农机学院在邢台期间建设与搬迁的档案资料和老照片，并与数名邢台校友进行了座谈。调研获取的照片、档案、口述记录等资料，不仅是对现存档案和校史资料的有效补充，也为进一步我校研究农机学院在邢台时期的历史提供了线索。

调研过程中，我校相关部门工作人员与邢台职业技术学院校领导、教师以及邢台校友等进行了充分交流，为今后进一步的合作打下了良好基础。

调研小组成员：师桂芳　蔡远渊　张梅英　李桦　孙久臣

与邢台职业技术学院领导、档案工作负责人等交流座谈

查看华北农业机械化学院相关档案

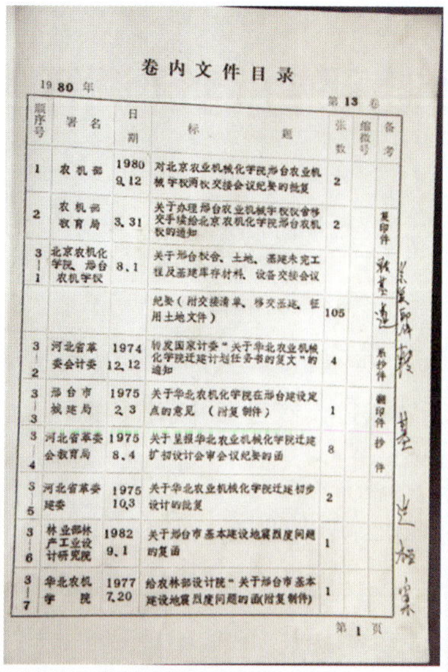

卷内文件目录

1980年　第13卷

顺序号	署名	日期	标题	张数	缩微号	备考
1	农机部	1980 9.12	对北京农业机械化学院邢台农业机械学校两校交接会议纪要的批复	2		
2	农机部教育局	3.31	关于办理邢台农业机械学校校舍移交手续给北京农机化学院邢台农机校的通知	2		复印件
3-1	北京农机化学院、邢台农机学校	8.1	关于邢台校舍、土地、基建未完工程及基建库存材料、设备交接会议纪要（附交接清单、移交基建、征用土地文件）	105		
3-2	河北省革委会计委	1974 12.12	转发国家计委"关于华北农业机械化学院迁建计划任务书的复文"的通知	4		系抄件
3-3	邢台市城建局	1975 2.3	关于华北农机化学院在邢台建设定点的意见（附复制件）	1		翻印件
3-4	河北省革委会教育局	1975 8.4	关于呈报华北农业机械化学院迁建扩初设计会审会议纪要的函	8		抄件
3-5	河北省革委建委	1975 10.3	关于华北农业机械化学院迁建初步设计的批复	2		
3-6	林业部林产工业设计研究院	1982 9.1	关于邢台市基本建设地震烈度问题的复函	1		
3-7	华北农机学院	1977 7.20	给农林部设计院"关于邢台市基本建设地震烈度问题的函(附复制件)	1		

第1页

图3　与农机学院有关的档案目录

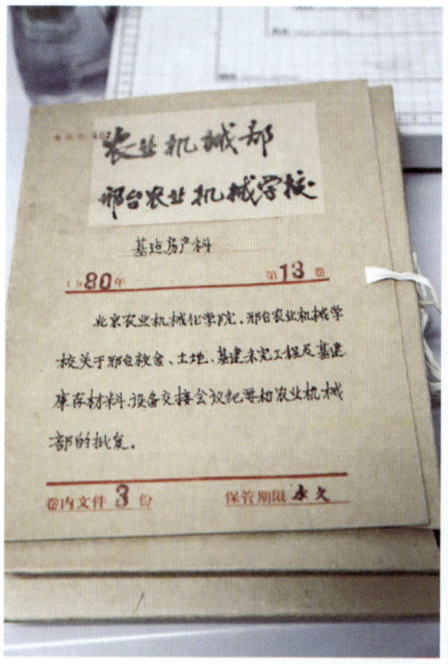

图4　农业机械部邢台农业机械学校档案

图5　1974年我校学生上课的财神庙

图6　与邢台校友合影

（蔡远渊　文）

档案与校史馆人员赴沪探望施平老校长

2016年10月25日，档案与校史馆赴上海华东医院探望学校原党委书记施平，向他表达祝福和问候。

施平先生青少年时期即参加革命工作，新中国成立以后他一直从事党的高等教育事业，是“新中国北京高等教育开拓者”之一。他在1953—1960年间任职北京农业大学副校长和党委书记，为学校在教育革命时期的平稳过渡与发展作出了重大贡献。

档案与校史馆向施老介绍了学校校史研究工作取得的最新进展和成果著作，并赠送了一组施老在农大时期的老照片。施老尽管已105岁高龄，但依旧身体康健、思路清晰，见到学校来客非常高兴，看到照片里自己和老战友、老朋友的身影时更是显得格外兴奋。施老再次聊及1958年农大迁校旧事，解释了当时选择马连洼为农大永久校址的原因：一是实地勘察中发现这里环境条件优越，近山傍水，适合办农业大学；二是离北大、清华等高校较近，方便学术交流；三是新址方案得到了学校相关负责人和苏联专家的一致认可。

当档案与校史馆提出希望施老可以写一些祝福时，老人欣然答应。饱经风霜的手握起笔来，字迹依旧苍劲有力，一纸祝福手到擒来。最后，施老对档案与校史馆的工作给予了认可，并提出希望：研究好学校历史，传承好农大精神。

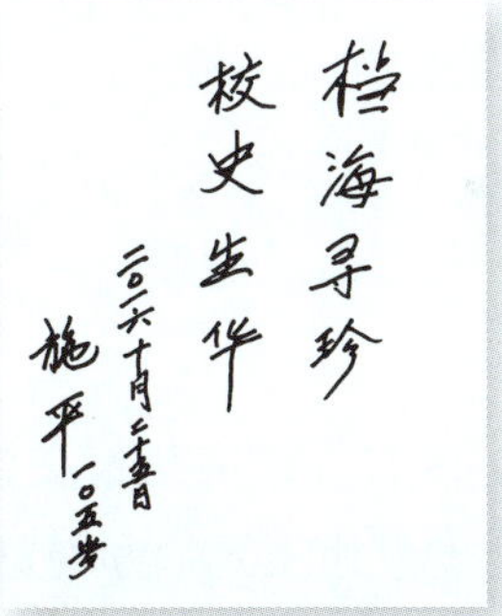

105岁施平为我校档案与校史馆题字

施平专注看老相册

档案与校史馆人员和施老及其家属合影

（蔡远渊　文）

档案与校史馆组织人员赴常州市查询蔡旭档案

2016 年 10 月 27 日，我校档案与校史馆组织专人前往常州市档案馆查看蔡旭院士的档案。常州市档案馆的工作人员热情接待，调阅了蔡旭的人物档案 31 卷，还有一些实物档案等，共 619 件。

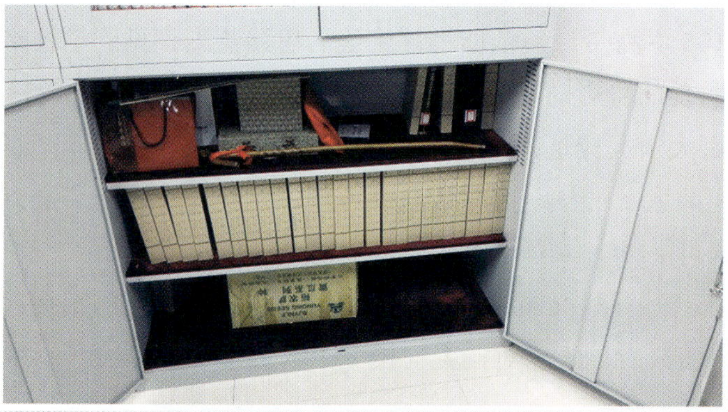

常州市档案馆存放的蔡旭档案

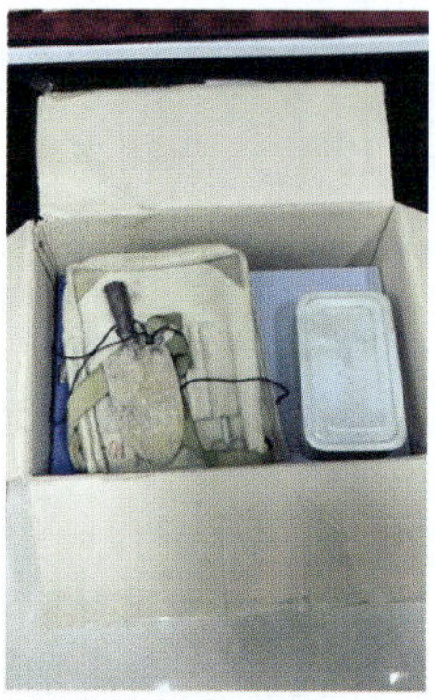

蔡旭曾用过的小铲和饭盒

参观蔡旭故居展览

2016 年 10 月 28 日，档案与校史馆的老师参观了蔡旭故居展览。在展览室，大家看到了我校档案与校史馆为协助蔡旭家人举办展览，提供的蔡旭档案资料和一些实物档案等，这丰富了蔡旭院士故居展览的内容。

蔡旭，1911 年 5 月出生，1934 年南京中央大学农学院毕业。1945 年赴美国康奈尔大学和明尼苏达大学农学院进修和考察。1946 年任北京大学农学院副教授。新中国成立后，历任北京农业大学教授、首批博士研究生导师、农学系主任、副校长，中国作物学会理事长，全国小麦专家顾问组副组长等职。1980 年当选为中国科学院学部委员（院士）。他选育出的‘南大 2419’（原名‘中大 2419’），是中国小麦种植史上推广面积最大、时间最长的抗锈品种。他培育出的‘农大 139’‘农大 155’‘东方红 1、2、3’等小麦品种获得 1978 年全国科学大会奖。

2008 年 2 月蔡旭故居设为常州市文物保护单位

蔡旭故居展览

何康、毛达如和江树人分别为蔡旭院士题字

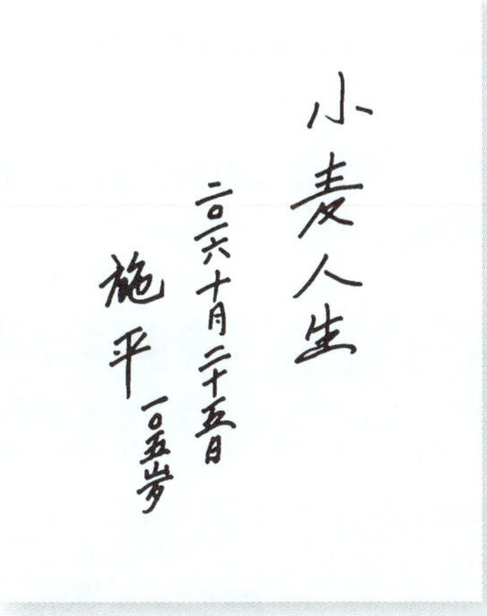

105 岁施平为蔡旭院士题字

（师桂芳　文）

原北京农业机械化学院农机系 62 级校友
捐赠校史资料

2017 年 10 月 15 日，原北京农业机械化学院 62 级（1967 年毕业）农业机械设计与制造系四个班的 29 位校友返回母校，参观校史展览。恰逢毕业五十周年，老校友们格外重视此次回访，特别向档案与校史馆捐赠了包括照片、笔记、论文、奖状及实物等历史资料共 35 件。这些资料及实物，生动记录了 62 级农业机械设计与制造系学生们当年的青春岁月，也体现了他们离校后在社会各行各业中取得的突出成就。

农机校友此次捐赠，极大支持了我们的校史资料收集工作，可以说是为母校 112 岁生日献上了一份特别的礼物。

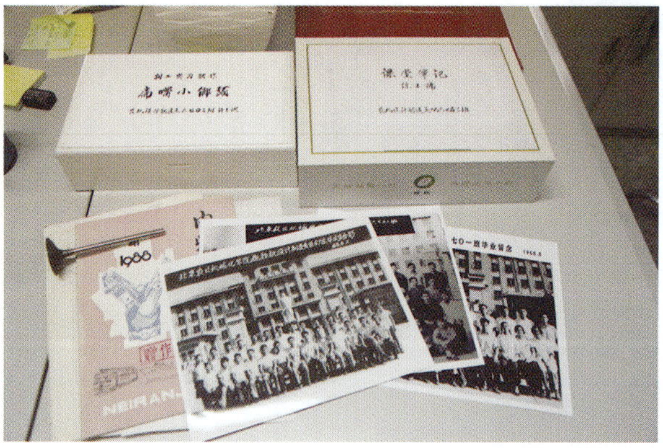

农机学院校友捐赠的照片、笔记、奖状等史料

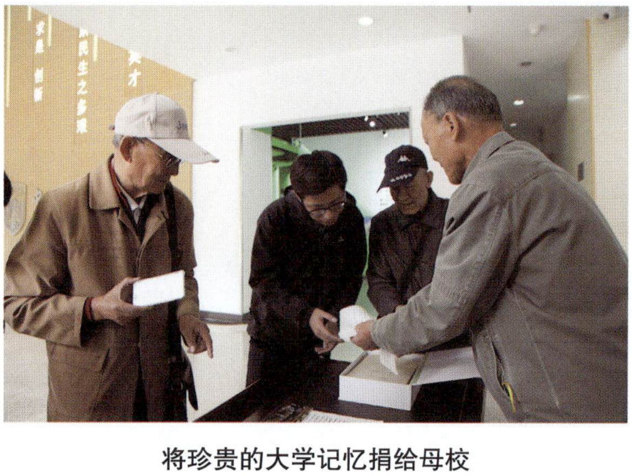

将珍贵的大学记忆捐给母校

在校史展中寻找自己当年的足迹，回忆曾经的青春故事

（蔡远渊　文）

档案与校史馆启动抗战时期西迁史料收集整理工作

2018年档案与校史馆重点疏理了我校抗战时期的校史资料，为进一步继承与弘扬校史文化、农大精神，补充完善此段西北办学的档案史料，我馆“双一流”建设项目工作组成员，多次赴陕西省、南京市，与西北农林科技大学、西北大学、南京市第二历史档案馆、陕西省档案馆等地接洽，查找、收集我校抗战时期的珍贵书刊照片史料，并与西北联大研究领域的有关专家学者交流探讨了西安临时大学及西北联合大学形成、发展及后期变化，对我校抗战时期的情况有了更深刻的认识，获益匪浅。

1937年卢沟桥事变发生后，抗日战争全面爆发，北平沦陷，战火纷飞。为保护平津地区的高等教育事业，我校前身北平大学农学院和其他国立学校一样，在国民政府教育部指令下，迁往陕西省西安市，成为西安临时大学农学院；然后又在教育部指令下，作为西北联合大学一部分南迁汉中，在中国抗战期间为西北地区建立完整的农学高等教育体系作出重要贡献，对提高西北精神文化起到了积极作用。

2018年上半年，分赴西北农林科技大学档案馆与西北大学档案馆交流调研。1938年7月，当时的西北联合大学农学院与原来的国立西北农林专科学校合并改组为国立西北农学院，即现在的西北农林科技大学。而西北大学作为西北联合大学的主要继承体，继承了大量当年西安临时大学及西北联合大学的档案材料。两校档案馆都热情接待了我馆工作小组，并慷慨赠予我馆大量珍贵史料照片与档案编研成果，就抗战时期高校内迁陕西对西北地区的影响进行了交流。我馆工作小组还与西北大学高等教育研究中心西北联合大学研究所的老师交流探讨了西安临时大学及西北联合大学迁陕前后情况、发展中问题、教学状况、国民政府对此所高校所持态度，西北联合大学研究所所长姚远教授对我们后续研究提出许多有益的建议。

在西北农林科技大学档案馆查找资料

在西北大学档案馆交流座谈

下半年，我馆主要赴中国第二历史档案馆与陕西省档案馆查找抗战时期，蒋介石政府对平津高校政策及北平农学院在西安及汉中的科研、教学、社会活动资料。由于两馆对于民国档案复印有较大限制，工作小组在综合权衡下，主要复印了教育部下发的相关重要训令、涉及我校师生活动的《北农通讯》以及部分西安临时大学签发的重要文件。通过查阅历史材料，我们对西安临时大学及西北联合大学在西北艰辛的办学有了更清晰的认识，也查明了当年北平农学院留下的大部分师生去向，同时查找摘抄了部分北平农学院师生抗战时期的科研活动内容。

通过以上四次调研考察，我馆针对抗战时期我校西迁史料收集工作成果颇丰，共收集到重要文件 24 件，照片 16 张，期刊 36 期，书籍 5 本，弥补了这一历史时期的文档史料不足，为我馆的后续研究提供了有力支持。另外，我馆还与西北农林科技大学档案馆、西北大学档案馆、西北大学高教中心建立了良好的协作关系，为今后进一步加强交流、互通有无、共同探索研究，提高宣教水平打下了一定的基础。

（廖惠芳　文）

校友梁军、王作之为母校题字

2018 年 12 月 4 日，校档案与校史馆工作人员和校友会孙久臣，在我校黑龙江校友会钱晓辉、肖红等校友陪同下，看望慰问了校友——共和国第一位拖拉机手梁军。88 岁的梁军，身体非常不好，刚刚出院不久，但看到母校的老师专程看望她，还是非常地高兴。其丈夫王作之，也是农大的校友。他回忆了当年与梁军在农大读书的情景，讲了一些有趣的故事。他还找出了家里的老相册，从中翻拍了一些有价值的照片，以丰富学校馆藏史料。随后，90 岁高龄的王作之代表梁军为母校题字："祝福母校，再创辉煌。"

梁军，1930 年出生，17 岁入德都萌芽乡村学校半耕半读，1948 年受学校委派参加北安拖拉机训练班学习。1950 年 6 月，以梁军命名的新中国第一支女子拖拉机队成立。1950 年 9 月，梁军出席全国工农兵劳动模范代表大会，被授予"劳动模范"称号。1952 年，梁军入北京农业机械化学院学习。从 1954 年到 1964 年连续 11 年梁军当选为全国人大代表。1990 年离休。

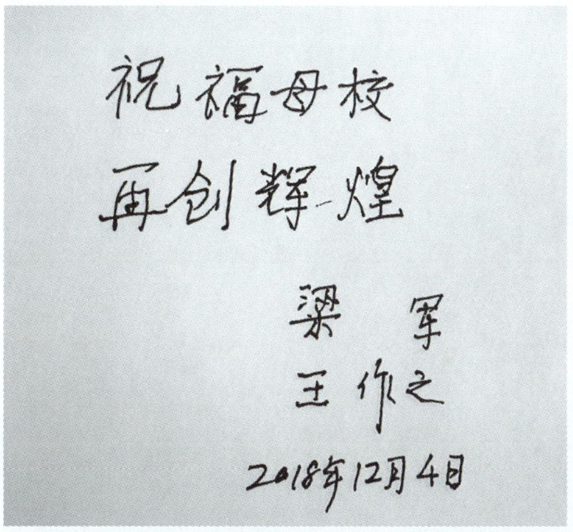

2018 年 12 月梁军、王作之为学校题字

前排：梁军和王作之，后排右起：肖红、师桂芳、孙久臣、苏雅澄

（师桂芳　文）